이런 직업 어때?

누군가를 돕고 싶다면 이런 직업!

글 어맨다 리어먼스 | 그림 엘리스 게이넷 | 옮김 박훌륭

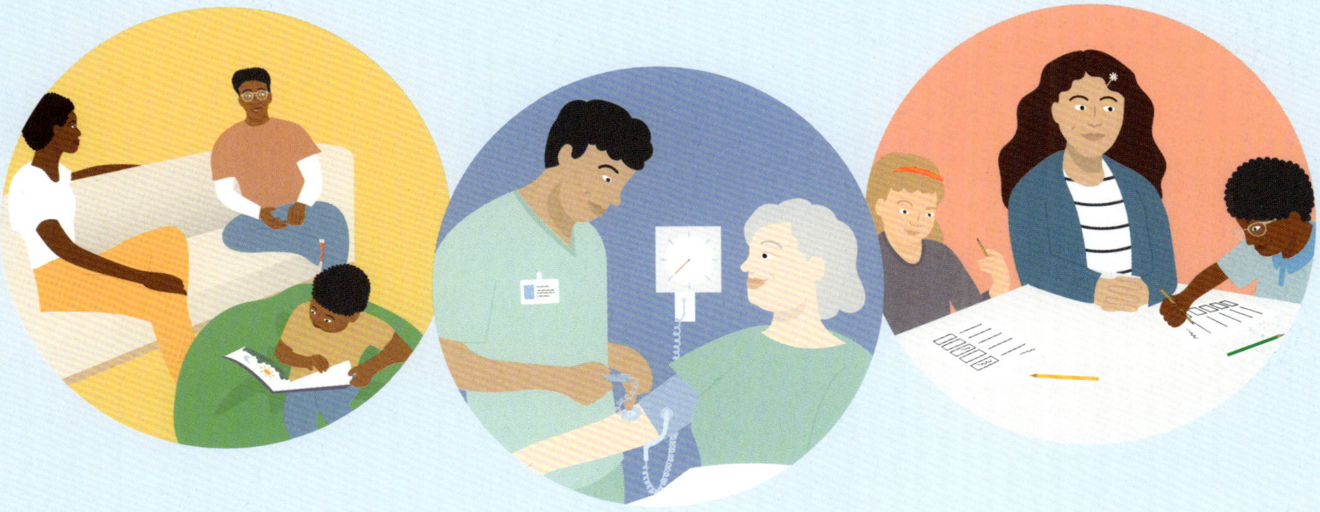

차례

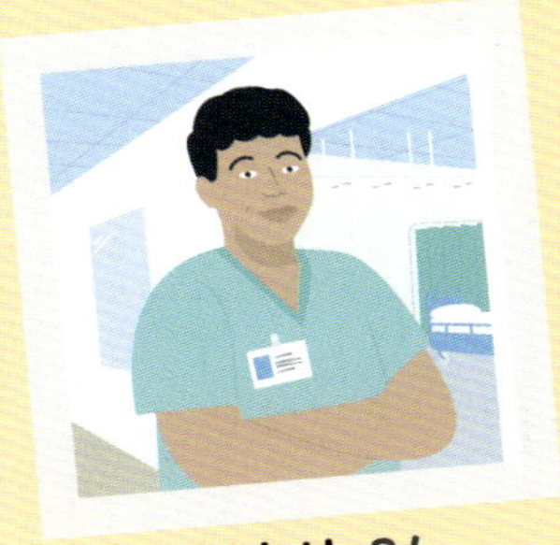

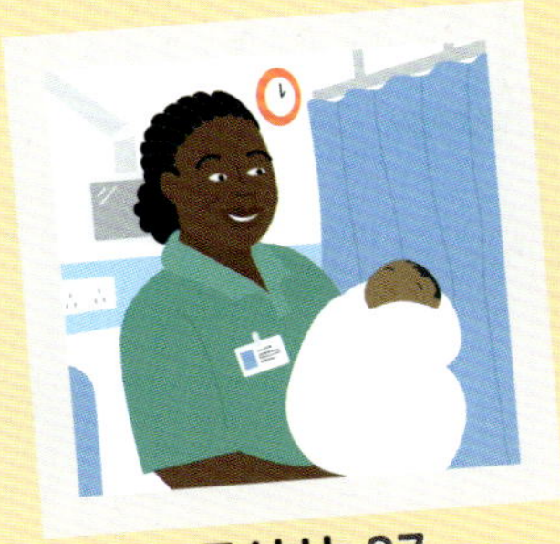

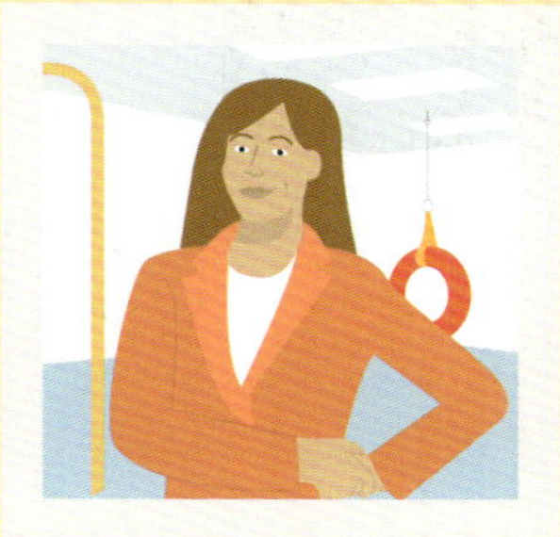

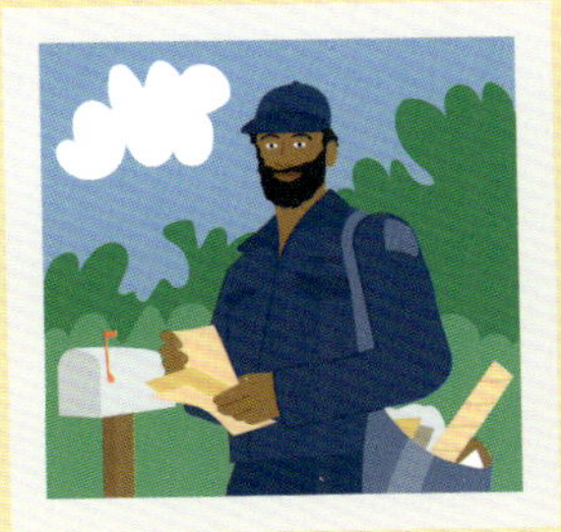

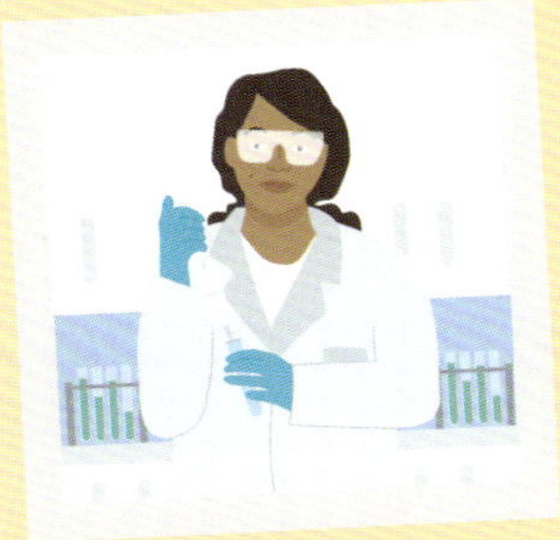

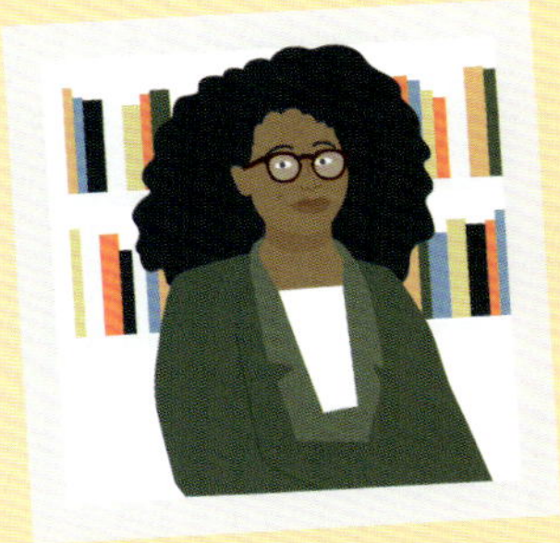

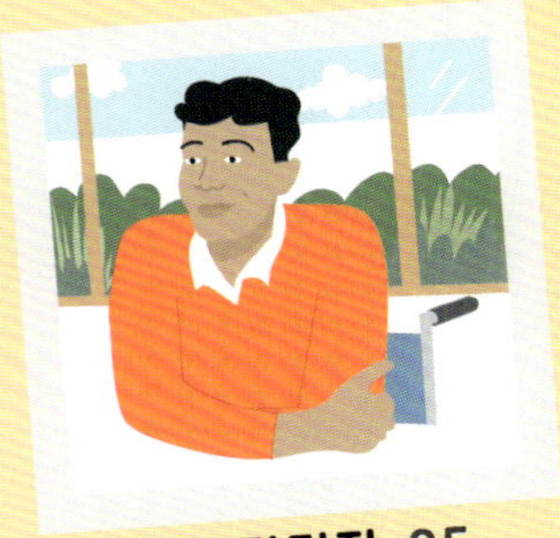

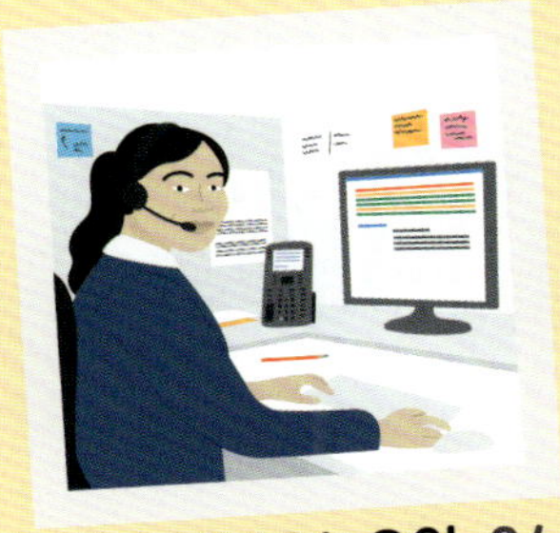

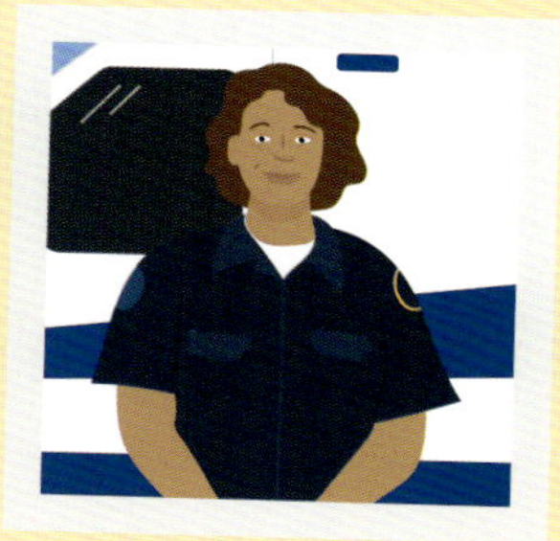

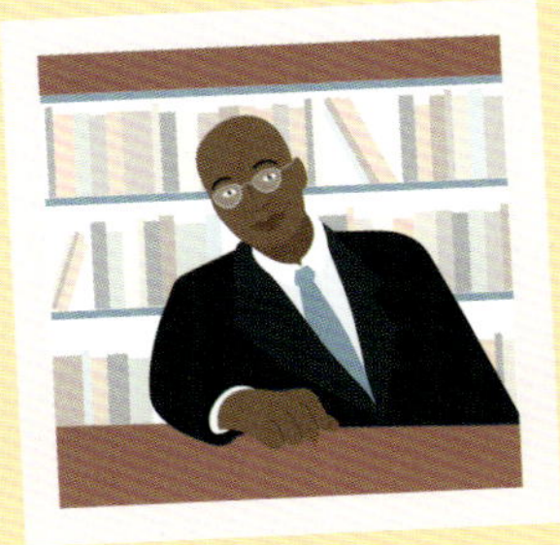

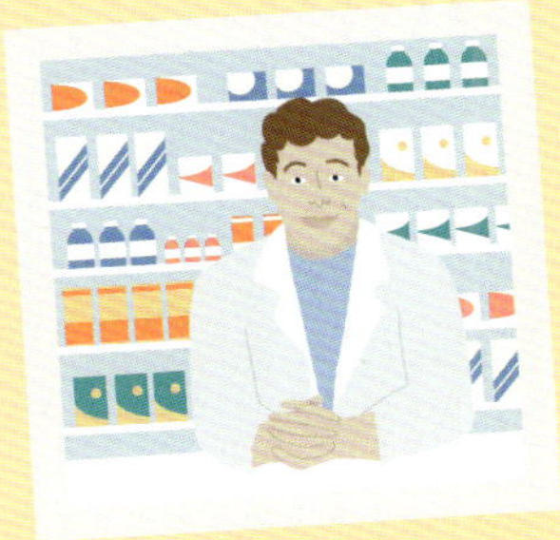

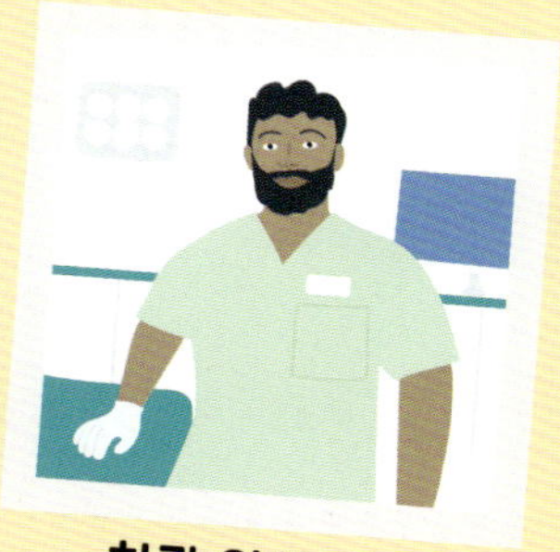

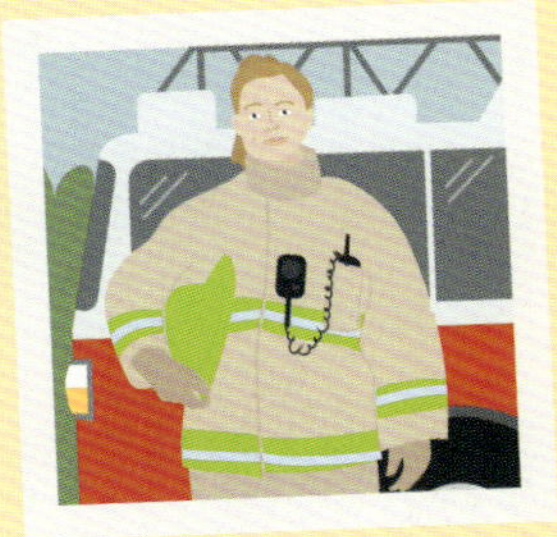

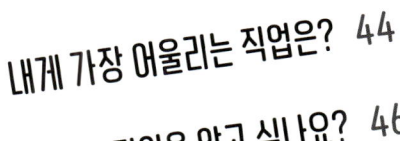

돕는 일을 좋아하는 친구들에게

사람들을 돕는 직업에는 무엇이 있고, 어떤 자질과 능력이 필요할까요?

세상에는 사람들에게
도움을 주는 직업이 정말 많아요.
여러분이 처음 들어 보는 직업도
있을 거예요.

어려움을 겪는 사람들을 돕고 싶나요?
누구나 행복한 세상을 꿈꾸나요? 그런
아름다운 마음을 품고 있다니 정말 멋져요.

과학, 의료, 교육과 서비스 분야에
이르기까지 사람들을 도와줄 수 있는
직업은 아주 다양해요.

이런 직업을 가지려면 각각의 직업에 맞는 능력이 필요해요. 의사, 간호사, 구급 대원은 깊이 있는 의학 지식이 있어야 하고, 변호사와 정치인은 자신의 생각을 자신감 있게 말하는 기술이 필요해요. 소방관은 위급한 상황에서도 침착하고 빠르게 행동할 수 있어야 해요.

사람들에게 도움을 주는 일을 하려면 꼭 필요한 자질이 있어요. 친절하고 적극적으로 사람들을 도우려는 태도가 필요해요. 불편한 것을 해결해 주고, 고통을 줄여 주고, 질병의 새로운 치료법을 찾는 등 다른 사람의 삶에 긍정적인 변화를 주고 싶어 하는 마음을 가져야 해요.

용기와 체력도 필요해요. 오랜 시간 근무하거나 가끔 늦은 밤까지 일해야 할 수도 있거든요. 사람들을 구하거나 보호하기 위해 위험한 상황에서 일해야 할 때도 있어요. 또 어떤 직업은 아주 열심히 공부해야 해요. 예를 들어, 과학자, 의사, 약사, 심리학자들은 일을 시작하기 전에 많은 시간을 공부해야 해요.

어떤 직업을 가지든 이웃과 사회를 돕는다는 열정을 가져야 해요. 학교나 병원에서 일하든, 사무실이나 실험실에서 일하든, 사람들의 삶을 풍요롭게 하기 위해 최선을 다하는 것이 정말 중요하답니다.

이 모든 이야기가 흥미롭게 느껴진다면
여러분은 사람들을 돕는 직업이
잘 맞을 거예요!

이 책은 이웃과 사회에 도움을 주는 다양한 직업을 소개해요. 각기 다른 직업을 가진 사람들의 하루를 살펴보고, 어떤 일을 하는지, 그 직업을 위해 어떤 능력과 지식이 필요한지 등을 알 수 있어요. 그 밖에 새로운 사실도 알 수 있어요. 우편집배원이 일하며 겪는 당황스러운 순간(힌트: 동물과 관련 있음) 같은 것들 말이죠.

책에 소개된 스물다섯 가지의 직업을 모두 살펴봤다면,
44쪽을 펼쳐서 자신에게 맞는 직업을 찾아봐요.
다른 직업을 더 알고 싶다면 46쪽으로!

특수교육 교사

어릴 적부터 언니는 다른 사람보다 배우는 걸 어려워했어요. 커서 언니처럼 배우는 걸 어려워하는 사람들을 도와주고 싶었어요. 특수교육 교사가 되기 위해 대학에서 특수교육학을 전공했고, 지금은 초등학교에서 근무하고 있어요. 지적 장애나 신체 장애가 있는 아이들을 비롯해서 배우는 걸 힘들어하는 아이들이 조금 더 쉽고 즐겁게 공부할 수 있도록 돕고 있답니다.

교실에서 다른 선생님과 함께 일하며, 학습에 어려움을 겪는 학생들을 도와요. 때로 교실 밖에서 소규모 그룹으로 수업하기도 하고 학생과 일대일로 수업하기도 해요. 일부 학교에는 특수교육 교사들이 따로 수업을 할 수 있는 교실이 있기도 해요. 장애가 있는 학생들을 위한 특수학교도 있답니다.

1

새벽 6시에 일어나 일찍 하루를 시작해요! 바쁜 하루를 위해 충분히 준비할 시간이 필요해요.

2

오전 8시에 학교에 도착해요. 수업을 시작하려면 한 시간 정도 남아서 스케줄을 살펴보고 수업 준비가 잘 되었는지 확인해요. 수업 계획은 미리미리 세워야 해요. 계획적으로 일하는 게 중요하죠.

3

첫 번째 수업 과목은 수학이에요. 담임 선생님이 수업하는 동안 따로 몇 명의 아이들을 도울 거예요. 행복하고 긍정적인 분위기를 느끼게 하는 게 중요해서 아이들이 도착하면 밝게 웃으며 인사해요. 아이들이 자리에 차분히 앉아서 수업 준비를 할 수 있도록 도와요.

4

수업을 따라가기 어려워하는 아이가 있어요. 그런 아이에게는 천천히 숨을 쉬도록 하면서 함께 10까지 숫자를 세요. 아이는 곧 마음을 진정하고 수업을 순조롭게 따라가요. 종종 이런 방법을 통해 학생들의 감정 관리를 돕고, 스스로도 인내심을 가지고 차분한 마음을 유지하려고 노력해요.

5

쉬는 시간이 끝나면 책 읽는 시간이에요. 올해부터는 책 읽기를 힘들어하는 학생을 일대일로 돕고 있어요. 이 학생은 자폐증이 있기 때문에 시끄러운 소리에 매우 예민해서, 조용한 방에서 책을 읽어요. 아이가 큰 소리로 책 읽는 모습을 지켜보며 칭찬해요. 점점 발전하는 모습이 정말 자랑스러워요!

6

점심 식사를 마치고 언어치료사(46쪽에 나와요)를 만나요. 말하기를 어려워하는 학생들에 대해 의논해요. 언어치료사는 수업할 때 도움이 될 만한 아이디어를 줘요. 예를 들면, 아이들이 단어를 잘 기억할 수 있도록 그림과 몸짓, 기호 등을 이용하는 방법 등을 알려 주죠. 종종 독서지도사와 교육심리학자 같은 전문가들과도 교류한답니다.

7

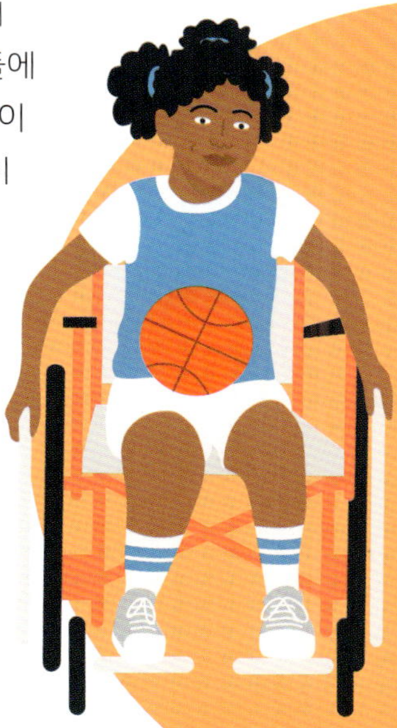

다음은 체육 시간이에요. 학생들이 농구를 해요. 휠체어를 탄 학생이 잘 참여하는지 보고 있어요. 즐거워 보여서 기분이 좋네요!

8

학생들이 집에 갈 시간이에요. 학교에 남아서 내일 수업을 준비하고, 과제를 채점하고, 보고서를 써요. 퇴근 전에 우편함을 봤더니 최근에 졸업한 학생이 보낸 카드가 들어 있어요. 학교생활에 어려움을 느끼는 학생들을 도와주어서 고맙다는 내용이에요. 뿌듯하고 기분 좋은 퇴근길이네요!

일의 장점과 단점

장점 : 다양한 학생들과 함께하며 성장하는 모습을 지켜보는 게 좋아요. 매일이 특별하죠.

단점 : 학생들 모두에게 똑같이 관심을 갖고 시간을 쓰는 게 어려워요. 하지만 최선을 다하고 있어요.

사회복지사

사회복지사는 사람들이 일상을 살아가면서 겪게 되는 어려움을 해결할 수 있도록 도와요. 저는 위탁 양육과 관련된 일을 하는 사회복지사랍니다. 형편상 임시 보호자가 필요한 아이들이 다시 집으로 돌아가거나 함께 살 수 있는 새로운 가족을 찾을 때까지 위탁 가정이나 보호 시설에서 안전하게 지낼 수 있도록 돕는 일을 해요.

사회복지 전공으로 석사 학위를 받은 뒤, 위탁 지원 센터에 취직했어요. 아이들과 위탁 가정을 돌보는 일을 하죠. 다른 사회복지사들은 노인 혹은 몸이 불편하거나 정신적 어려움을 겪는 사람들과 일하기도 해요. 사회복지사는 도움이 필요한 사람들이 안전하고 행복한 삶을 살 수 있도록 도우려는 열정을 가지고 있어야 해요.

1

월요일 아침이에요. 센터에 도착해 메일을 확인하고 한 주 계획을 세워요. 이번에 새로운 위탁 가정을 맡게 되었어요. 그분들은 위탁 가정 교육을 이수하고 심사를 통과해서 아이들을 돌볼 수 있는 자격을 얻었어요. 아주 기쁜 소식이에요. 늘 위탁 가정이 부족하거든요. 새로운 위탁 가정은 여러 아이들을 돌볼 수 있어서, 그 가정에서 지내면 좋을 것 같은 쌍둥이들을 찾았어요. 다음 절차를 진행하려고 위탁 가정에 전화를 걸어요.

2

최근에 어린 남자아이를 맡아서 돌보고 있는 위탁 가정을 방문해요. 아이를 먼저 만났는데, 잘 적응하고 있어서 기뻤어요. 위탁 가정의 부모님들은 아이가 새로운 음식을 잘 먹지 않는다며 걱정했어요. 그분들에게 식사 때 새로운 음식을 한 가지씩만 소개하면 좋겠다고 조언했고, 식사 관련해서 몇 가지 아이디어를 주었어요. 그리고 정말 훌륭한 일을 하고 있다고 안심시키며 한 달 후에 다시 방문하겠다고 했어요.

3

방문 보고서를 쓰고 팀원들과 회의를 하려고 센터로 돌아와요. 우리는 다음 주에 가정 위탁에 관심 있는 분들을 위한 행사를 할 거예요. 마케팅 담당자는 행사를 홍보하기 위해 전단지와 포스터를 준비하고 있어요. 많은 사람들이 왔으면 좋겠네요!

4

점심을 먹은 다음, 새롭게 가정 위탁 부모가 된 분들을 위해 교육을 진행해요. 이 시간에는 어떻게 하면 아이들을 잘 보살필 수 있는지 배워요. 지난번에는 올바른 양육 태도와 아이들의 잘못된 행동을 관리하는 방법을 알아봤고, 오늘은 외부 강사와 응급 처치를 배울 거예요.

5

오후에는 최근에 입양된 아이가 잘 지내는지 확인하러 또 다른 가정에 방문해요. 아이들이 앞으로 함께 지낼 입양 가족을 만나게 되면 더 이상 임시 보호를 하지 않아요. 가족들을 만나 보니 안심이 되었어요. 함께 이야기를 할수록 아이가 편안하게 잘 지내고 있다는 것이 분명하게 느껴졌어요. 아이는 새로운 가족을 그린 그림도 보여 주었어요.

6

오후 5시에는 기다리고 기다리던 축하 파티가 있어요! 우리가 보살피는 아이들이 성장하고 발전하는 모습을 확인하고 격려하는 걸 좋아해요. 오늘 밤에는 아이들과 지역 주민 센터에서 변장 파티를 할 거예요. 얼른 준비한 옷으로 갈아입고 파티장으로 가야겠어요.

일의 장점과 단점

장점 : 안전하고 행복한 가정이 필요한 아이들을 돕는 일은 정말 보람 있어요.

단점 : 보고서를 많이 써야 해요. 하지만 이 일의 아주 중요한 부분이죠. 꼭 해야 해요!

7

파티에서는 여러 가지 게임을 하고, 음악을 듣고, 마술사의 공연을 봐요. 아이들에게 특별한 상도 주지요. 그동안 했던 용감한 일과 노력에 대해서, 다른 사람을 돕거나 착한 일을 한 것에 대해서 상을 주어요. 아이들은 상을 받고 기뻐해요. 멋진 파티예요. 하루의 마지막이 너무 근사하네요!

의사

동네 병원에서 가정의로 일해요. 사람들은 다치거나 몸이 좋지 않을 때 맨 처음 저를 만나요. 일차 진료 의사는 가벼운 통증부터 심각한 질병을 가진 환자까지 다양한 연령대의 환자를 진료해요. 어떤 환자들은 아주 어릴 때부터 알고 지냈어요.

의사가 되려면 오랜 기간 공부해야 해요. 의과대학에서 6년을 공부한 다음, 의사 국가시험에 합격해서 의사 면허를 받았어요. 그리고 인턴, 레지던트 과정을 거쳐 전문의 자격을 얻은 다음 병원을 열었지요. 의사들은 아이들의 건강을 돌보는 소아과, 수술을 하는 외과, 정신 건강을 돌보는 정신건강의학과 등 다양한 전공 중에서 자신에게 맞는 전공을 선택해요.

1

아침 8시 30분에 병원에 도착해요. 직원들과 인사하고, 가운을 갈아입고 스케줄을 확인해요. 오늘은 예약이 꽉 찼네요. 바쁜 하루가 되겠어요!

2

오전 9시, 첫 진료를 시작해요. 엄마가 아기를 데려왔어요. 신생아의 건강 상태를 체크해요. 몸무게와 키를 재서 차트에 써요. 모든 면에서 좋아 보이네요. 아기가 잘 크고 있어요! 아기 엄마에게 예방 접종 스케줄을 예약하는 것을 잊지 말라고 당부하고 진료를 마쳐요.

3

다음 환자가 진료실로 들어왔어요. 몇 주 전 이 환자를 처음 봤을 때는 혈압이 너무 높았어요. 혈압이 높으면 심각한 문제가 생길 수도 있어요. 그래서 환자에게 운동을 하고, 짜고 기름진 음식을 줄이고 건강한 식사를 해야 한다고 조언했어요. 오늘 보니 몸무게가 줄었고 혈압도 내려갔어요. 기쁘네요. 의사는 사람들이 건강한 생활습관을 가지도록 격려해야 해요.

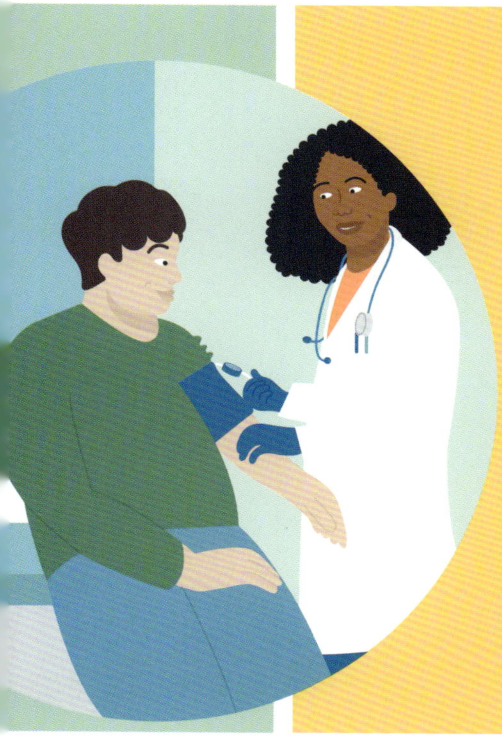

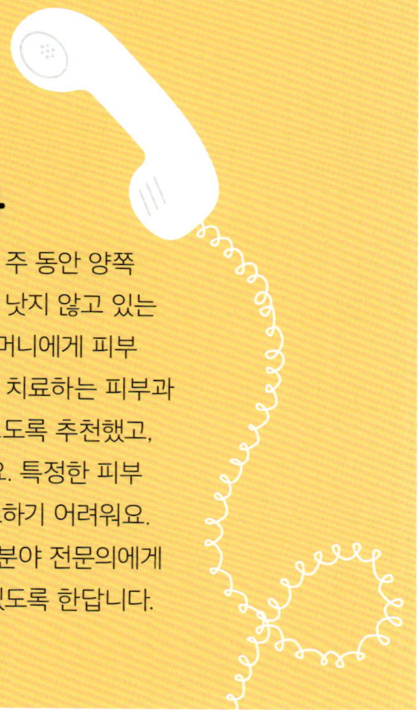

4

다음 환자는 몇 주 동안 양쪽 팔에 생긴 발진이 낫지 않고 있는 할머니예요. 할머니에게 피부 질환을 전문적으로 치료하는 피부과 전문의를 만나 보도록 추천했고, 예약을 잡았어요. 특정한 피부 질환은 제가 치료하기 어려워요. 그래서 환자가 그 분야 전문의에게 진료를 받을 수 있도록 한답니다.

5

환자들의 진료 기록을 작성하면서 오전 시간을 마무리해요. 환자들의 질병 진행 상태와 복용하는 약을 추적 관찰하기 위해서는 기록을 꼼꼼히 작성하는 게 중요해요. 그다음으로 메일을 확인하고 진료 의뢰서를 써요. 의사는 컴퓨터도 잘 다룰 줄 알아야 해요.

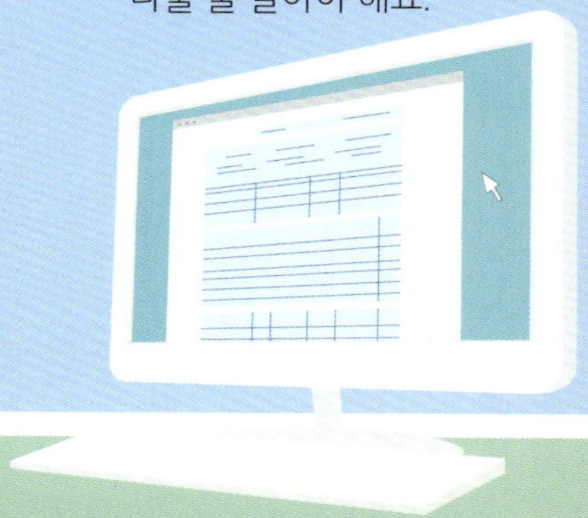

6

불면증과 불안증 때문에 힘들어하는 환자를 진료해요. 환자는 말을 하면서 점차 감정이 격해지고 공황 발작을 시작해요. 답답해하고 숨을 쉬기 힘들어해요. 지금 어떤 상황인지 설명하며 환자를 안심시켜요. 팔을 천천히 위아래로 움직이며 환자에게 그 모습을 지켜보라고 해요. 주의를 다른 곳으로 돌리면 마음을 안정시키는 데 도움이 돼요. 몇 분 후에 발작이 사라졌어요. 환자에게 잠을 잘 자는 방법과 불안한 상황을 벗어나는 기술에 대해 이야기한 다음, 정신건강의학과 의사를 만나 보라고 제안해요.

7

다음으로 몇 주 전에 스키를 타다가 사고로 다리가 부러진 청소년 환자를 만나요. 엑스레이를 확인하니 뼈가 잘 붙고 있네요. 그 환자에게 물리치료사(47쪽에 나와요)를 소개해 주었어요. 물리치료사는 다리의 힘을 회복하는 데에 도움을 줄 거예요.

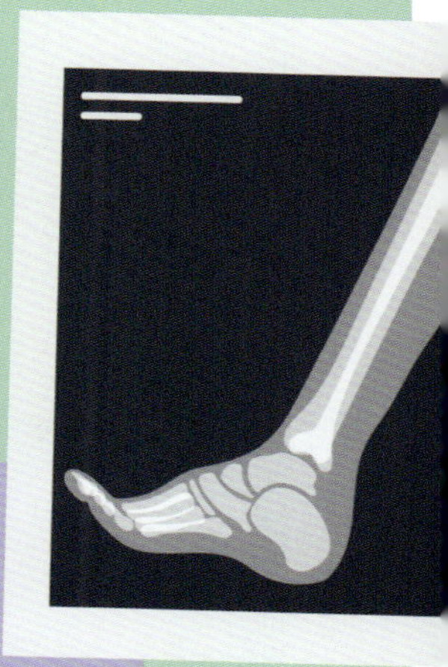

일의 장점과 단점

장점 : 환자들과 신뢰 있는 관계를 만들고 환자들이 건강할 수 있도록 돕는 게 즐거워요.

단점 : 환자들에게 건강이 나빠졌다는 소식을 전해야 할 때 힘들어요.

8

하루 일과가 거의 끝나가네요. 처방전을 쓰고 진료 기록을 정리한 다음, 최신 의학 자료들을 찾아보며 공부를 해요. 이제 집에 갈 시간이에요. 아 참! 그전에 달리기부터 해야겠어요. 의사는 스스로의 건강도 잘 챙겨야 하거든요!

경찰관

경찰관의 의무는 지역 사회를 보호하고 범죄를 예방하는 거예요. 저는 매일 경찰차를 타고 동네를 순찰하며 법을 지키지 않는 사람이 있는지 살피고 비상 상황이 생기면 도움을 주어요. 언제 어떤 일이 일어날지 모르기 때문에 경찰관은 항상 준비가 되어 있어야 해요.

고등학교를 졸업하고 대학에서 경찰행정학을 전공했어요. 졸업과 동시에 경찰 공무원 시험에 합격했고, 중앙경찰학교에서 경찰이 하는 일을 배우고 실습도 했어요.

1

파출소에 출근해요. 밤새 있었던 사건과 진행 중인 사건에 대해 이야기를 듣고, 오늘 순찰할 지역을 확인해요.

2

동료와 순찰차를 타요. 우리는 항상 함께 일해요. 운 좋게도 서로 정말 잘 맞아요! 우리는 근무할 때 필요한 장비를 점검하고 무전기를 켜요. 이제 출발할 준비가 됐어요.

3

첫 번째 무전을 받았어요. 교통사고가 일어났어요. 무전 내용만으로는 얼마나 심각한 상황인지 모르니까 최대한 빨리 사고 현장에 가야 해요. 경찰차에 경광등과 사이렌을 켜요.

4

사고 현장에 도착했어요. 승용차와 트럭이 충돌했는데, 다행히 아무도 다치지 않았어요. 동료가 사고 차량을 수습하고 교통 상황을 정리하는 동안 운전자들과 이야기를 나눠요. 운전자들의 진술을 빠짐없이 기록해요. 이 기록을 바탕으로 나중에 보고서를 써야 해요. 견인차들이 도착해 파손된 차량들을 끌고 가고, 우리는 다시 순찰을 돌아요.

5

다음으로, 우리는 강도가 든 것 같다는 신고를 받았어요. 집주인이 잠시 가게에 갔다 돌아왔는데, 집 안에서 이상한 소리가 들려서 112에 전화했다고 했어요. 동료와 조심스럽게 집을 수색했어요. 침입자를 찾았는데, 다행히 도둑은 아니었어요. 이웃집 개였죠! 그 밖에 이상한 점은 없는지 확인한 뒤, 집주인에게 외출할 때는 창문을 꼭 닫으라고 했어요. 개는 이웃집에 데려다줬지요.

6

다시 순찰을 돌다가, 제한 속도를 위반하고 빠르게 달리는 차를 발견했어요. 우리는 차를 세우라고 신호를 보내고, 운전자에게 속도위반을 했다고 말했어요. 운전면허를 확인하고 범칙금 고지서를 주며 벌금을 내야 한다고 설명했어요. 운전자는 처음에는 화를 냈지만, 시간이 좀 지나자 사과했어요. 이런 상황에서는 인내심과 현명한 의사소통 기술이 도움이 돼요.

일의 장점과 단점

장점: 지역 사회의 안전을 지키는 데 도움이 된다는 것이 자랑스러워요. 또 서로 의지할 동료가 있는 것도 좋아요.

단점: 아무런 잘못이 없는 사람들이 다치거나 괴로워할 때 화가 나고 마음이 아파요.

7

근무 시간이 거의 끝나가서 파출소로 돌아가는데, 갑자기 한 여성이 당황한 표정으로 달려왔어요. 사람이 많은 혼잡한 길에서 어린 딸을 잃어버렸다고 했어요. 우리는 아이를 찾기 위해 각자 흩어졌어요. 감사하게도 가게 창문을 들여다보고 있는 아이를 발견했어요. 엄마와 딸이 다시 만났어요. 이런 순간들이 경찰관으로서 보람을 느끼게 한답니다!

어린이집 교사

어렸을 때부터 아기를 돌보는 것을 좋아해서 아이들과 함께 일하면 좋겠다고 생각했어요. 고등학교를 졸업한 뒤, 대학에서 유아교육학을 공부하고 교사 자격증을 따서 어린이집 교사로 일을 시작했어요. 지금은 어린이집을 운영하고 있는데, 부모님들이 일하는 동안 어린아이들을 돌본답니다. 한 순간도 지루할 틈이 없어요. 매일이 바쁘고 소란스럽고 재미있어요!

어린이집 교사는 아이들을 좋아하고 사랑으로 대해야 해요. 또 인내심과 활달함, 많은 에너지가 필요하죠!

1

오전 7시 30분, 아이들이 도착하기 전에 각 반의 선생님들과 오늘 할 일에 대해 간단히 회의를 해요. 어린이집은 연령별로 반이 나뉘어져 있어요. 회의를 마치고 수업 준비를 도와요. 다양한 물감과 크레용, 지점토를 꺼내 놓아요.

2

오전 8시, 아이들이 오면 반갑게 맞이하고, 외투를 걸 수 있게 도와줘요. 한 아이는 엄마와 작별 인사를 하며 슬퍼해요. 종종 있는 일이죠. 아이가 기운 낼 수 있게 도와줘야겠어요. 아이에게 미술 도구들을 주었더니 기분을 풀고 친구들과 그림을 그리네요. 다행이에요.

3

각 반을 다니며 선생님들이 아이들을 잘 돌보는지 살펴요. 또 선생님들이 쓴 알림장을 살펴봐요. 선생님들은 아이들이 어린이집에서 어떻게 지내는지 부모님들이 알 수 있도록 알림장 앱에 사진과 글을 올려요. 대부분의 아이들이 아직 너무 어려서 부모님에게 어떤 하루를 보냈는지 말할 수 없으니까요.

4

나머지 오전 시간은 사무실에서 보내요. 아이들을 돌보는 것도 중요하지만 관리자로서 사무를 보는 것도 중요해요. 메일에 답장을 하고 각종 서류들을 작성해요. 미술 용품을 새로 주문하고, 어린이집에 관심 있는 부모님들을 위해 상담 계획을 세웁니다.

5

2세 반을 방문해요. 아이들이 실수로 집어 먹을 수 있는 작은 물건은 없는지, 안전을 위해 교실을 살펴요. 아이들과 물놀이를 할 시간이에요. 물놀이를 하려고 미리 부모님들에게 갈아입을 옷을 챙겨 달라고 했지요.

6

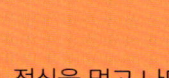

점심시간에 선생님들이 아이들에게 음식을 나눠 주는 걸 도와요. 아이들을 돌볼 때는 아이들의 특징과 주의할 점을 잘 알아야 해요. 특정 음식에 알레르기가 있는 아이도 있고, 약을 먹어야 하는 아이도 있어요. 그런 특징을 잘 기억하고 안전하게 아이들을 돌봐야 해요.

7

점심을 먹고 나면 낮잠 시간이에요. 아이들은 낮잠을 자고 나면 선생님과 함께 밖으로 놀러 나가요. 그동안 저는 어린이집에 방문한 부모님들과 상담을 해요. 어린이집의 시설과 교육 프로그램들을 소개해요. 우리 어린이집이 마음에 들었나 봐요. 자녀를 입학시키겠다고 하네요.

8

오후 6시예요. 시간이 정말 빨리 가네요. 아이들을 데려가려고 부모님들이 어린이집에 와요. 우리는 아이들과 부모님들에게 인사를 해요. 교실을 정리하고 일을 마무리해요. 이제 집에서 푹 쉴 시간이에요.

일의 장점과 단점

장점 : 아이들이 새로운 것을 배우는 모습을 보는 게 좋아요. 항상 웃을 일이 생겨요.

단점 : 아이들이 어린이집을 졸업하거나 이사를 가서 작별 인사를 해야 할 때 슬퍼요.

환경미화원

대부분의 사람들은 쓰레기를 버리고 나면 그 후는 생각하지 않아요. 그래서 제가 필요하죠! 환경미화원인 저는 동네 곳곳을 다니며 아파트나 주택가 등에 있는 쓰레기통을 비워요. 이 일이 매력적으로 보이지 않을 수도 있지만, 동네를 깨끗하게 만드는 일을 한다는 게 무척 자랑스럽답니다!

고등학교를 졸업한 뒤 환경미화원이 되기 위해 운전면허를 따고 열심히 운동해서 환경미화원 시험에 합격했어요. 일을 하면서 안전 규칙과 환경미화원이 하는 일을 자세히 배웠어요. 요즘은 새로운 동료들이 일을 배우는 것을 돕기도 한답니다.

1

해가 뜨지 않은 새벽 5시부터 일을 시작해요. 아침형 인간이라 다행이죠! 먼저 쓰레기차(수거차)에 문제가 없는지 확인해요. 이제 출발할 준비가 되었어요.

2

쓰레기차를 타고 다니며 쓰레기들을 모아요. 쓰레기들을 모으기 위해 로봇 팔을 사용해요. 로봇 팔은 쓰레기통을 잡아서 쓰레기들을 컨테이너에 부어요. 더 많은 쓰레기를 담기 위해 쓰레기들을 부수고 압축해요.

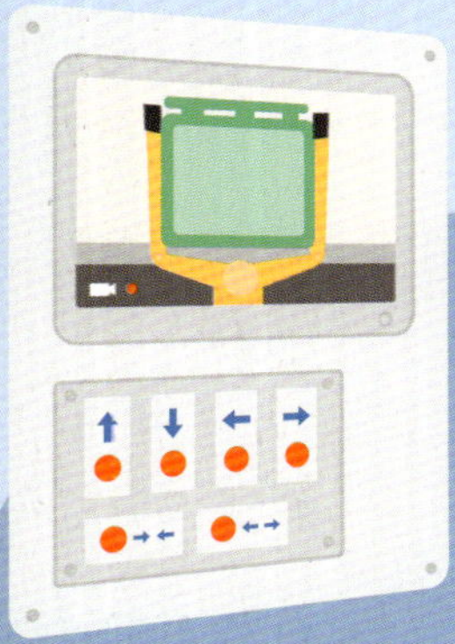

3

운전석 안쪽에는 로봇 팔을 움직일 수 있는 제어 장치와 밖을 볼 수 있는 모니터가 있어요. 마치 비디오 게임을 하는 것 같아요!

4

오전 8시까지 250개의 쓰레기통을 비웠어요. 이제 550개만 더 비우면 돼요! 로봇 팔이 쓰레기통을 비우는 동안 구경하러 나온 아이들에게 손을 흔들어요. 그 아이들 나이였을 때 쓰레기차를 구경하러 나왔던 기억이 나네요. 트럭을 엄청 좋아했거든요!

※지금 우리나라에서는 보통 환경미화원이 직접 쓰레기 봉투를 쓰레기차에 실어요. 로봇 팔이 있는 쓰레기차를 사용하는 나라도 있어요.

5

동료와 교대한 후에 쓰레기차를 끌고 쓰레기 매립지로 가요. 이곳은 쓰레기를 땅에 묻는 곳이에요. 하루 종일 앉아 있었더니 다리가 아프네요. 집에 가서 마사지를 좀 해야겠어요!

일의 장점과 단점

장점 : 깨끗한 동네를 위해 일한다는 게 뿌듯해요.

단점 : 어두운 시간에 일하니까 항상 위험하지 않게 조심해야 해요.

배송 담당자

여러분이 필요로 하는 물건들이 어떻게 가게에 오게 되는지 궁금한 적 있나요? 배송 담당자는 물건들이 여러 지역으로 정확히 배달되도록 합니다. 저는 제빵 회사에서 배송 담당자로 일해요. 우리가 구운 빵이 신선한 상태로 포장되어 전국의 가게에 제시간에 배달되도록 관리해요.

고등학교 졸업 후 바로 취직을 하고 싶었어요. 그래서 제빵 회사에서 일을 시작하게 되었을 때 정말 기뻤답니다. 아직 배울 게 많지만, 열심히 경험을 쌓아서 관리자가 되고 싶어요.

1

회사에 도착하자마자 주문서를 출력해요. 주문서에는 배송해야 하는 빵의 종류와 개수, 고객의 이름, 주소가 나와 있어요. 주문서를 정리한 다음 주소 라벨을 인쇄해요. 컴퓨터를 잘 다루면 일하기 편하답니다.

2

주문서에 맞게 빵이 잘 포장되었는지 확인해요. 혹시나 손상된 빵은 없는지 살펴봐요. 사람들은 찌그러진 빵을 좋아하지 않거든요! 만약 실수가 있지는 않은지 잘 찾아내야 해요.

3

주문대로 빵이 준비되면 이제 가장 좋아하는 일을 할 시간이에요. 바로 지게차 운전! 지게차에 빵 상자를 싣고 배달 트럭으로 가져가서 조심스럽게 내려놓아요.

4

빵 상자를 모두 트럭에 실으면 배달 기사님이 배송을 시작해요. 가게에 도착한 빵들은 예쁘게 진열될 거예요. 그리고 누군가의 식탁에 올라가겠죠!

일의 장점과 단점

장점 : 사람들이 빵을 맛있게 먹을 때, 그 빵을 배송하는 데 도움이 되었다는 사실이 기뻐요.

단점 : 물건을 들고 운반하는 일은 힘들어요. 체력 관리를 잘해야 하죠.

기금 모금가

어린 시절부터 기부를 하기 위해 돈을 모으는 것을 좋아했어요. 앞마당에서 레모네이드를 팔기도 하고 이웃들의 차를 세차해 주기도 했죠. 지금은 직업이 되었네요! 저는 노인들을 돕는 자선 단체에서 기금을 모으는 일을 하고 있어요. 어떤 노인들은 홀로 외롭게 지내거나 더 이상 스스로를 돌보기 어려워요. 우리 단체는 이런 노인들에게 다양한 방법으로 도움을 주어요. 예를 들어, 자원봉사자들이 노인들을 방문해 대화를 나누고 집 청소를 돕기도 하고, 사랑하는 사람들과 쉽게 연락할 수 있도록 노인들에게 컴퓨터 사용법을 가르쳐 주기도 해요.

대학에서 마케팅과 자금 관리를 공부했어요. 그리고 프레젠테이션을 잘하는 법, 행사를 준비하는 법, 팀을 관리하는 법 등을 공부했어요. 저는 늘 주변에 관심을 갖고 창의적인 생각을 하려고 노력해요.

1

이른 아침, 사무실로 가는 길에 기부금을 받으러 한 초등학교에 들렀어요. 최근 이 학교에서는 재미있는 달리기 행사를 열었고, 우리 단체에 기부하기 위해 직원들과 학생들이 모금을 했어요. 이 행사로 50만 원이나 모았지요! 웹사이트에 올릴 사진을 찍고, 감사 인사를 했어요.

2

사무실에 도착해서 휴대폰 메시지를 확인해요. 우리 단체에 자원봉사자로 참여하고 싶어 하는 사람들이 있네요. 전화를 걸어서 다음 달에 있을 오리엔테이션에 초대해요. 오리엔테이션은 새로운 자원봉사자들에게 우리 단체를 소개하고 어떤 일을 도울 수 있는지 설명하는 행사예요. 자원봉사자들에게 늘 감사해요. 행사 운영부터 홍보까지 여러 면에서 도움을 주거든요.

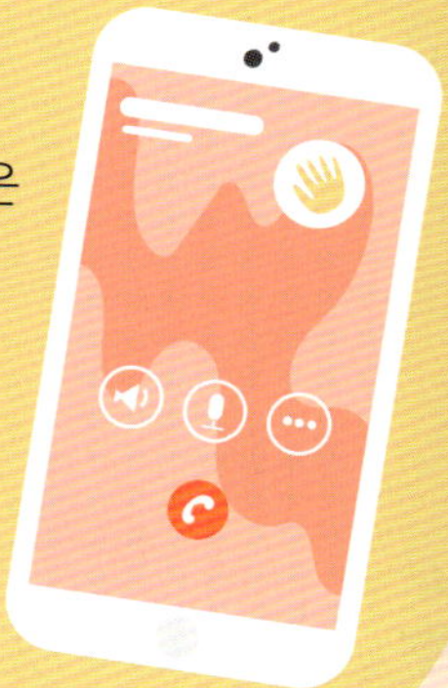

3

다음으로 팀원들과 회의를 해요. 자선 골프 행사, 퀴즈의 밤, 책 판매 등 앞으로 열릴 모금 행사에 대해 아이디어를 주고받아요. 그리고 우리 단체의 큰 연례행사인 여름 정원 파티에 대해 이야기해요. 여러 번 회의를 해야겠지만, 정말 기대돼요. 기부금을 많이 모을 수 있는 기회니까요!

4

사람들이 우리 단체에 기부를 할 수 있도록 편지와 메일을 쓰며 나머지 오전 시간을 보내요. 자전거를 타며 기부금을 모은 할아버지에게 메일을 받았어요. 100만 원을 기부한다고 하네요. 정말 대단해요! 할아버지의 이야기를 웹사이트에 공유하고, 감사 편지를 보내요.

5

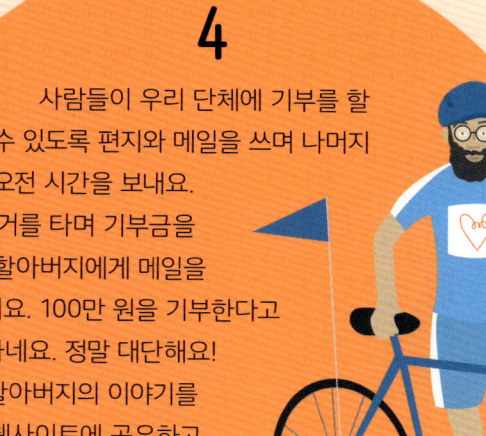

점심을 먹고 나서 빵집 사장님을 만났어요. 사장님은 모금 행사를 위해 컵케이크를 기부하기로 했어요. 우리는 뉴스 레터, 웹사이트, 소셜 미디어에 빵집을 광고하기로 했어요. 서로에게 도움이 되는 일이죠.

6

자선 파티가 시작되었어요! 자원봉사자들이 열심히 준비해 주었어요. 손님들이 하나둘 도착했어요. 이 행사에는 지역 사회의 많은 사람들이 참석했어요. 노인 분들이 짠 목도리, 장갑을 비롯해서 음식, 옷 등 기부된 물건들을 탁자에 진열하고 판매해요. 손님들과 반갑게 인사하며 행사가 잘 진행되는지 확인해요.

7

파티는 대성공이에요! 참석한 모든 분들에게 감사 인사를 하고, 기부금이 좋은 일에 쓰일 거라고 이야기했어요.

일의 장점과 단점

장점 : 누군가를 돕고, 사람들의 삶에 특별한 경험을 선물한다는 건 멋진 일이에요.

단점 : 모금 행사 후에 청소하고 정리하는 일은 조금 귀찮아요.

8

손님들이 떠난 뒤 정리를 하고 퇴근해요. 내일이면 오늘 얼마의 기부금을 모았는지 알 수 있을 거예요. 성공적인 하루를 보낸 나를 위해 남은 컵케이크 하나를 선물해요. 어머, 정말 맛있어요!

심리학자

왜 우리는 지금의 방식으로 생각하고 행동할까요? 뇌에서 무슨 일이 일어나고 있을까요? 늘 이런 질문들이 흥미롭게 느껴졌고, 그래서 심리학자가 되었답니다! 심리학 박사 학위를 받고 수련 과정을 거친 뒤 지금은 임상심리학자로 일하고 있어요. 심리적인 증상과 문제가 있는 사람들이 자신의 문제를 이해하고 치료할 수 있는 방법을 찾아 삶을 더 나은 방향으로 바꿀 수 있도록 돕고 있어요.

심리 치료 센터에서 임상심리학자로서 개인 혹은 그룹으로 환자들을 상담해요. 어떤 심리학자들은 병원, 보건소, 기업 부설 센터, 학교 등에서 상담을 해요. 대학교에서 연구원이나 교수로 일하면서 사람의 마음과 행동을 연구하기도 하죠.

1

요가와 호흡 운동으로 하루를 시작해요. 마음을 차분하게 하고 오늘 하루를 준비하는 데 도움이 돼요. 몸과 마음 건강을 스스로 잘 돌봐야 다른 사람들에게 도움을 줄 수 있어요!

2

오전 8시 30분에 집을 나와서 센터로 가요. 스케줄을 확인하고 환자의 차트와 기록을 살펴봐요. 오늘은 계속 보아 온 환자들과 새로운 환자들도 만날 거예요.

3

첫 번째 상담은 몇 주 동안 만나 온 가족과 함께 해요. 처음 센터에 왔을 때 십 대 아들은 부모님과 말하는 것을 거부했어요. 지난 몇 번의 상담 동안 저는 가족들이 서로를 한 팀이라고 생각하고, 서로의 말에 귀를 기울일 수 있도록 노력했어요. 오늘 우리는 좋은 분위기에서 이야기를 나눴고 아무도 화를 내거나 흥분하지 않았어요. 진전이 좀 있는 것 같아요!

4

다음으로, 불안과 공황을 겪고 있는 젊은 여성과 상담을 해요. 그녀는 자신이 평소에 사용하는 방법으로는 상태가 나아지지 않는다고 생각했어요. 고민을 충분히 이야기하도록 한 뒤, 매일 산책과 가벼운 운동을 하는 게 좋겠다고 조언했어요. 운동은 기분이 나아지게 하고 잠을 푹 잘 수 있게 해요. 또 부정적인 생각으로부터 빠져나오도록 도와주지요. 그녀는 운동을 해 보겠다고 했어요. 그녀의 상담 일지에 오늘의 상담 내용을 써요.

5

센터에 처음 방문한 환자를 만났어요. 편하게 이야기할 수 있도록 몇 가지 질문을 하면서 상담을 시작해요. 그다음 성격 검사를 해요. 검사는 환자를 이해하는 데 도움이 되죠. 앞으로 환자와 신뢰를 쌓고, 환자의 어려움을 이해하려면 충분한 시간이 필요할 거예요.

6

점심시간이 다 되었네요. 환자들과의 상담 기록을 정리하고 회의에 참석해요. 이 회의는 매우 경험이 많은 심리학자인 센터 책임자의 조언을 듣고 상담에 대한 의견을 주고받는 자리예요. 책임자와 이야기를 나누면서 환자들에게 도움이 될 수 있는 새로운 방법들을 생각해 내기도 해요.

7

오후에는 우울증을 앓고 있는 사람들과 그룹 상담을 진행해요. 그룹 상담은 같은 어려움을 겪고 있는 사람들과 이야기할 기회를 주지요. 참석자들이 그들의 이야기와 문제를 편하게 공유할 수 있도록 격려해요. 그룹 상담에서 참석자들이 서로를 돕는 모습을 보고 있으면 보람을 느껴요.

8

근무 시간이 끝났네요. 상담 기록을 살펴본 다음, 두 마리의 개가 기다리는 집으로 가요. 사랑스러운 개들은 일하면서 쌓인 긴장을 풀어 주고 편안함을 느끼게 도와줘요!

일의 장점과 단점

장점: 사람들이 긍정적으로 변화할 수 있게 도움을 줄 수 있어서 좋아요.

단점: 힘들고 행복하지 않은 사람들을 계속 만나는 건 쉽지 않아요.

버스 운전사

어린 시절 버스 타기를 좋아했고 운전사 흉내를 내며 놀곤 했어요. 지금은 진짜로 버스를 운전하고 있죠! 승객들이 제시간에 목적지에 안전하게 도착할 수 있도록 도시 곳곳을 열심히 운전해요. 버스 운전사가 되려고 1종 대형 운전면허를 취득한 뒤 운전 경력을 쌓았고, 교통안전공단에서 실시하는 운전 적성 정밀 검사를 통과해서 버스 운전사로 일하게 되었어요.

어떤 버스 운전사들은 전국을 다니며 승객들이 더 긴 여행을 할 수 있게 도와주거나, 아이들을 학교에 데려다주기도 해요. 관광 회사에서 일하며 관광객들을 멋진 장소로 태워다 주고, 공항버스를 운전하기도 하죠.

1

오늘은 일찍 일어났어요. 새벽 5시에 버스 차고지에 도착해서 운전할 노선을 확인한 뒤 배정된 버스로 가요. 하루 종일 같은 노선을 운전하지만 지루하지는 않아요. 운전을 좋아하거든요. 또 운전하는 동안 항상 볼 것도 많고 많은 사람들을 만나죠. 이제 출발할게요!

2

아직 어둡지만 길을 잘 알고 있어서 괜찮아요. 각 정류장에서 기다리는 승객들을 확인하고, 승객들이 버스에 타면 미소로 맞이해요. 버스 운전사는 사람들을 친절하게 대해야 하고, 버스 노선과 동네를 잘 알아야 해요. 종종 길을 잃은 사람들에게 어떤 버스를 타야 하는지 알려 줘야 하거든요.

3

쉬는 시간에 차고지에서 온 전화를 받았어요. 한 승객이 버스에 물건을 두고 내렸는데, 아이가 가장 좋아하는 인형이라고 했어요. 버스를 확인하고 다행히 인형을 찾았어요. 휴! 근무가 끝나면, 승객이 찾으러 올 수 있도록 차고지에 맡겨야겠어요.

4

시간이 갈수록 더 많은 사람들이 버스를 타기 위해 정류장에서 기다려요. 그중에는 단골손님도 보여요. 이 할아버지는 매일 집을 나서서 쇼핑을 하고 사람들을 만난 뒤 시내에서 버스를 타요. 운전석에서 내려서 할아버지가 버스에 타는 것을 도와요. 이 직업의 가장 좋은 점은 사람들이 편하게 이동할 수 있도록 돕는다는 거예요.

5

교대 시간이 다 되었네요. 다른 운전사가 같은 노선을 운전할 수 있도록 차고지로 돌아가요. 과연 내일은 또 어떤 일이 기다리고 있을지 궁금해요!

일의 장점과 단점

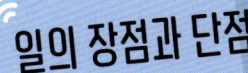

장점: 매일 다른 사람들을 만나는 건 재미있는 일이에요.

단점: 오랜 시간 앉아 있다 보면 불편해요.

정비사

손으로 무언가를 만지고 고치는 것을 좋아했어요. 늘 물건을 분해하고 다시 조립하곤 했죠. 자동차도 무척 좋아했어요. 그래서 자동차 정비사가 됐죠! 고등학교를 졸업한 뒤, 직업전문학교에서 자동차 정비 교육을 받았고 실습을 하며 일을 배웠어요. 지금은 큰 정비소에서 일하고 있어요. 자동차는 많은 사람들의 삶에서 중요한 부분이에요. 정비사는 사람들이 자동차를 안전하게 탈 수 있도록 도와요.

정비사는 자동차 전체를 정비하기도 하고, 타이어나 브레이크와 같은 한 분야에서 전문적으로 일하기도 해요.

1

오전 8시에 정비소에 도착해서 오늘의 예약을 확인해요. 첫 번째 고객이 차를 가지고 도착했어요. 엔진에서 끼깅거리는 소리가 난다고, 문제가 무엇인지 알아봐 달라고 했어요. 이제 일을 시작해야겠네요.

2

리프트를 이용해서 차를 들어 올려 차의 아랫부분을 살펴봐요. 여러 부품을 떼어 내서 세척하고 엔진 오일을 교환해요. 부품을 다시 모두 조립하고 차를 시험 운전 해 봅니다. 끼깅거리는 소리가 안 나네요. 고객에게 차를 고쳤다고 하니 몹시 기뻐해요. 저도 기뻤답니다.

3

다음 고객이 도착했어요. 트럭이 운전하기에 안전한지 검사를 받으러 왔어요. 타이어, 브레이크, 오일 레벨, 라이트, 방향 지시등, 와이퍼가 제대로 작동하는지 확인해요. 가끔 정비를 하다 보면 수리비가 많이 들 때도 있어서, 고객들은 차에 수리할 데가 없다고 하면 안심해요.

4

차들을 몇 대 더 정비한 다음, 후배 정비사에게 일을 가르쳐 주어요. 정비소에서는 경험이 많은 선배들이 후배가 일을 잘 배울 수 있도록 기술을 가르쳐 준답니다.

5

이제 퇴근할 시간이에요. 하지만 정비소에서 나가도 일은 끝나지 않아요! 자동차 기술은 계속 변화하고 있어서 자료를 찾아보며 최신 기술을 공부해야 해요.

일의 장점과 단점

장점 : 차의 문제점을 발견하고 고쳤을 때 뿌듯해요.

단점 : 퇴근할 때쯤이면 옷에 기름과 먼지가 잔뜩 묻어 있죠.

정치인

정치인은 나라의 법을 만드는 일을 돕고 다양한 일을 해요. 저는 대한민국 국회를 구성하는 지역 국회 의원이고, 우리 지역의 주민들과 가깝게 협력하고 있어요. 유권자(선거할 권리를 가진 사람)들은 그들의 관심사와 문제를 공유하고, 저는 그 문제에 도움이 될 방법을 생각해 내요.

정치인이 되는 데 정해진 방법은 없지만, 사람들을 도우려는 열정을 가지고 있어야 해요. 고등학교 때부터 다양한 활동을 하면서 경험을 쌓았어요. 학교에서 회장을 했고 대학 토론회에서 활동했으며 자선 단체에서 자원봉사도 했어요. 지역 정치인의 보좌관으로 일하기도 했답니다.

1

아침 7시부터 일을 시작해요. 새로운 법안에 대해 이야기하기 위해 방송 기자와 영상 통화를 해요. 지역 주민들은 오염 수준이 높은 도시 환경에 대해 조치를 취해 달라고 요청했고, 그 문제를 해결할 수 있는 법안을 준비하느라 몇 달을 보냈어요. 이 새로운 법안이 법으로 정해지기 위해서는 다른 의원들과 논의를 해야 해요. 오늘 늦은 시간에 회의가 진행될 거예요. 아주 중요한 순간이 되겠죠!

2

영상 통화를 마치고 차를 타고 사무실로 가요. 정치인은 아주 바빠요. 하루 종일 회의에 참석해야 할 때도 있어요. 다음 스케줄은 견학 온 학생들과 정치에 대해 이야기를 나누는 시간이에요. 학생들을 만나는 건 늘 즐거운 일이죠.

3

오전 9시 30분에 선거 운동 책임자를 만나요. 국회 의원들은 4년마다 새로 선출돼요. 곧 다음 선거가 다가와요. 우리는 젊은 유권자들의 관심을 끌기 위해 소셜 미디어에서 캠페인을 하고 있어요. 모든 연령대의 사람들에게 저를 알릴 필요가 있죠.

4

몇 번의 회의와 간단한 점심 식사 후에 교사 단체와 미팅을 해요. 교사 단체에서는 더 많은 청소년들이 학교에서 공부하고 대학에 진학할 수 있도록 교육 프로그램을 만들고 싶어 해요. 이 프로그램은 다양한 교육 서비스, 대학 진학 상담, 장학금 지원 등을 포함하고 있어요. 훌륭한 프로그램이라고 생각되어 적극적으로 지원하겠다고 말했어요.

5

법안에 대해 토론할 시간이 거의 다 되었어요. 법안 자료를 꼼꼼히 다시 살펴보고 발표 연습을 해요. 많은 사람들 앞에서 말하는 게 익숙하지만, 미리 준비하는 건 항상 중요해요. 이제, 다른 의원들을 설득할 준비가 되었어요!

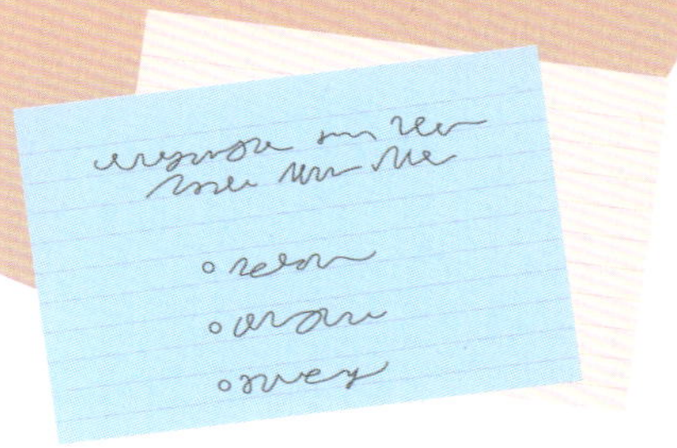

6

오후 4시, 드디어 시작이에요. 열심히 연설을 하고 다른 의원들이 법안에 대해 논의하는 것을 경청해요. 곧 투표를 시작해요. 의원들은 찬성 또는 반대를 선택해요. 이제 결과를 기다려야 해요. 초조한 순간이네요.

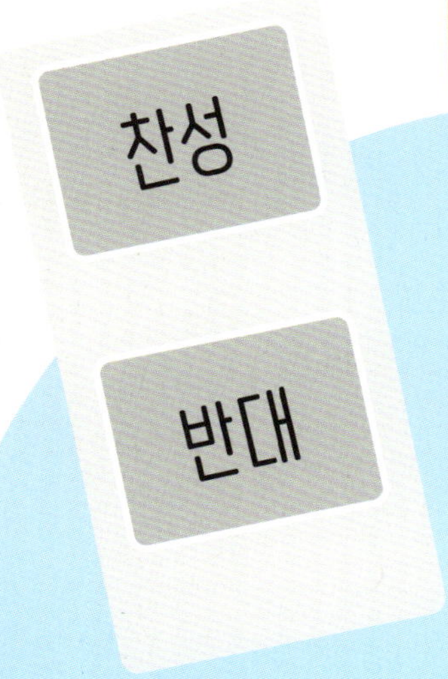

7

대다수의 의원들이 찬성에 투표했어요. 법안이 법률로 제정되고 발표되려면 국회 본회의와 대통령의 승인이 필요하지만, 훌륭한 시작이에요. 지역 주민들에게 어서 빨리 이 소식을 알리고 싶어요!

일의 장점과 단점

장점 : 유권자들을 대표하고 그들의 바람을 이루기 위해 노력하는 건 멋진 일이에요.

단점 : 너무 바빠서 가끔은 가족과 함께할 시간을 포기해야 해요.

간호사

병원에서 다양한 부상과 질병을 치료하는 일을 해요. 대학에서 간호학을 전공했고 간호사 국가시험에 합격해서 간호사가 되었어요.

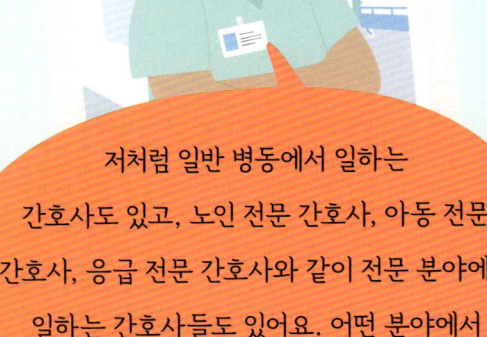

저처럼 일반 병동에서 일하는 간호사도 있고, 노인 전문 간호사, 아동 전문 간호사, 응급 전문 간호사와 같이 전문 분야에서 일하는 간호사들도 있어요. 어떤 분야에서 일하든 간호사들은 환자들에게 도움을 주려는 마음과 친절한 태도를 가지고 일해야 해요.

1

아침 7시에 출근해서 간호복으로 갈아입어요. 교대할 간호사에게 환자들에 대한 정보를 전달받고, 오늘 해야 할 일을 정리해요.

2

이제 환자들을 보러 가요. 아침은 정말 바빠요! 병실을 돌아다니며 환자들의 컨디션을 확인하고 이야기를 나눠요. 혈압을 재고 약을 준 다음, 차트에 기록해요.

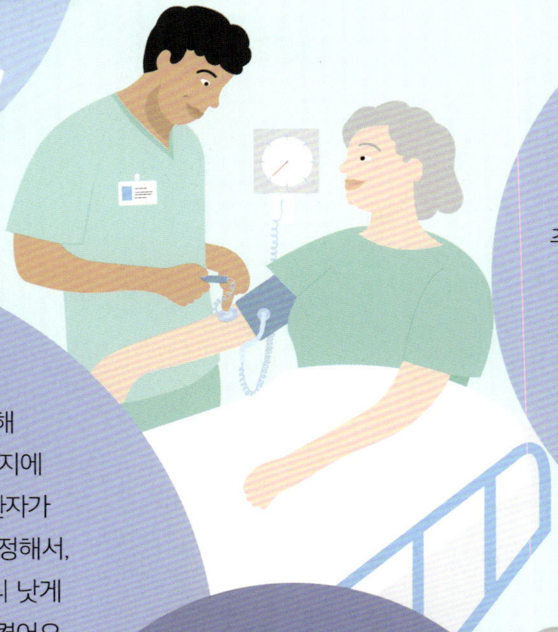

3

오전 시간이 순식간에 지나갔어요. 점심 식사 후에 다시 환자들을 보러 가요. 환자들에게 아침보다 더 많은 약을 나눠 주고 주사를 놓기도 해요. 퇴원할 환자에게는 약을 먹는 방법과 지켜야 하는 규칙들을 설명해 주어요. 다시 병원에 방문하기 전까지 환자들이 집에서 스스로 몸을 잘 돌볼 수 있도록 도와주는 것은 무척 중요해요.

4

눈에 염증이 생긴 환자에게 드레싱(상처 부위를 소독하고 치료하는 일)을 해 주어요. 이후 어떤 치료를 할지에 대해서도 이야기해요. 환자가 새로운 약을 먹는 걸 걱정해서, 그 약이 상처를 더 빨리 낫게 해 줄 거라고 안심시켰어요.

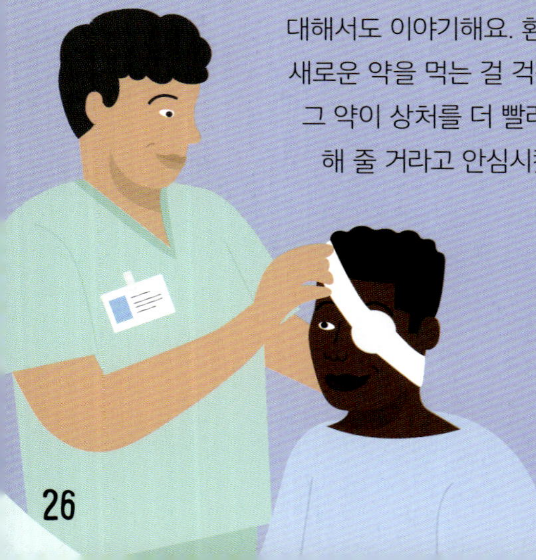

5

근무 시간이 끝나가요. 집에 가기 전에 환자들의 상태와 정보가 잘 기록되어 있는지 확인하고, 교대할 간호사에게 일을 넘겨줘요. 간호사는 바쁘고 할 일도 많지만, 이 일이 좋아요!

일의 장점과 단점

장점: 환자들이 병을 치료하고 건강하게 집으로 돌아가는 모습을 보면 기뻐요.

단점: 아주 바쁜 날이나 일할 사람이 부족한 날에는 스트레스를 많이 받아요.

조산사

조산사라는 직업을 사랑해요. 조산사는 임신, 분만, 출산 후의 처치를 돕고 임산부와 아기를 간호해요.

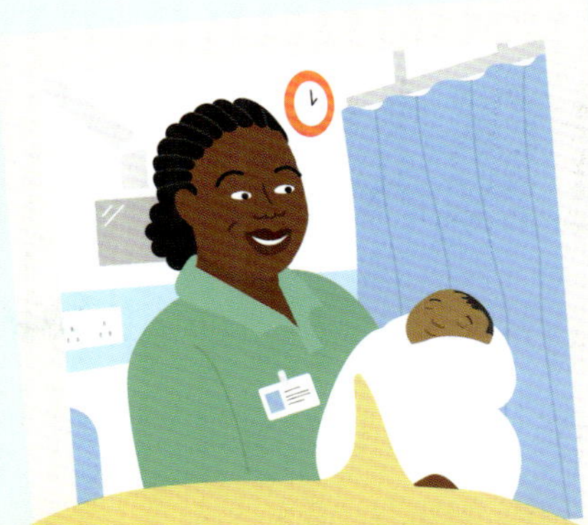

간호사로 일을 시작했고, 조산사가 되려고 더 공부하고 수련했어요. 지금은 임신, 출산, 여성 건강과 관련된 의료 서비스를 제공하는 여성 전문 병원에서 산부인과 의사, 간호사들과 함께 일하고 있어요. 어떤 조산사들은 임신부의 집으로 가서 일하기도 한답니다.

1

오늘은 12시간 교대 근무를 해요. 담당하고 있는 임산부들을 만나러 가요. 임신, 출산 기간 내내 함께하며 건강 상태를 살피고 간호하기 때문에, 임산부들은 저를 친근하게 느낀답니다. 임산부들이 궁금해하거나 걱정하는 것에 대해 상담하고, 필요한 게 무엇인지 조치하고 알려 주어요.

2

임신부 한 명이 방금 병동에 도착했어요. 오늘 아기의 움직임이 잘 안 느껴진다고 걱정해요. 초음파 검사기로 아기의 심장 박동을 확인해요. 심장 박동 소리가 정상적으로 들려요. 아기가 건강하다고 말하니 엄마가 안심하네요.

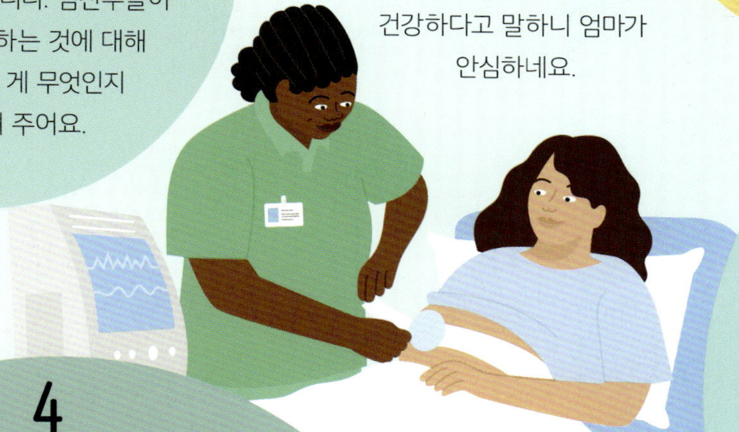

3

출산 준비가 된 임신부에게 가요. 마음을 편안하게 가질 수 있도록 따뜻한 말을 건네고 출산 과정을 도와요. 귀여운 남자아이가 태어났어요! 아기의 몸무게를 재고 건강한지 확인한 뒤에 엄마와 아빠에게 아기를 안겨 주어요. 가족이 행복한 시간을 보낼 수 있게 잠시 자리를 피해 주어야겠어요.

4

일을 배우는 중인 수습생과 함께 환자들을 만나러 가요. 환자가 몸이 안 좋을 때는 문제의 원인을 알아내기 위해 혈액 검사를 해요. 수습생이 환자의 혈액을 뽑는 것을 지켜봐요. 아주 잘 해냈어요. 후배 조산사들을 돕는 것은 가장 좋아하는 일 중 하나예요.

5

교대 시간까지 네 명의 아기들이 세상에 태어나는 걸 도왔어요! 이제 퇴근할 시간이에요. 그런데 간호사실에 알록달록한 풍선들이 있네요? 지난주에 아기를 출산한 가족이 감사하다며 선물을 했다고 해요!

일의 장점과 단점

장점 : 막 태어난 아기를 만나는 부모님들을 보는 것만큼 기분 좋은 일은 없을 거예요.

단점 : 밤을 새서 일하는 건 정말 힘들어요.

작업치료사

태어날 때부터 장애를 가지고 있거나, 부상이나 질병으로 신체적, 정신적 문제가 생겼을 때 일상적인 활동이 힘들 수도 있어요. 작업치료사는 그런 사람들에게 도움을 준답니다. 작업치료사는 환자들의 정신적 질환이나 불안, 신체적인 장애와 불편함 등을 치료하기 위해 다양한 활동을 해요.

작업치료사가 되려고 꽤 오랜 기간 공부했어요. 대학에서 작업치료를 공부했고, 작업치료사 국가시험에 합격했어요. 작업치료사는 의사(10~11쪽), 심리학자(20-21쪽), 언어치료사(46쪽), 물리치료사(47쪽)와 같은 다른 전문가들과 협력해요. 우리 모두는 환자들이 행복하고 건강한 삶을 살 수 있도록 도와요.

1

오전 8시 30분에 한 노인 환자의 집을 방문하면서 일을 시작해요. 할아버지는 최근에 뇌졸중을 앓고 나서 몸의 반쪽을 움직일 수 없게 되었어요. 씻기, 옷 입기와 같은 일상적인 일을 하는 게 힘들어졌죠. 오늘 우리는 혼자서 옷 입는 방법을 연습해요. 꾸준히 연습하면 머지않아 혼자서 할 수 있을 거예요.

2

할아버지의 집을 둘러봐요. 일상생활을 조금 더 편하게 할 수 있도록 집안 곳곳에 보조 기구를 설치할 예정이에요. 예를 들어, 욕조에 들어가고 나올 때 잡을 수 있는 손잡이와 휠체어에 앉아 음식을 준비할 수 있는 높이가 낮은 싱크대 같은 거요. 할아버지에게 계획을 설명하자 아주 기뻐하네요. 환자들이 스스로 더 많은 일을 할 수 있도록 돕는 게 작업치료사의 일이랍니다.

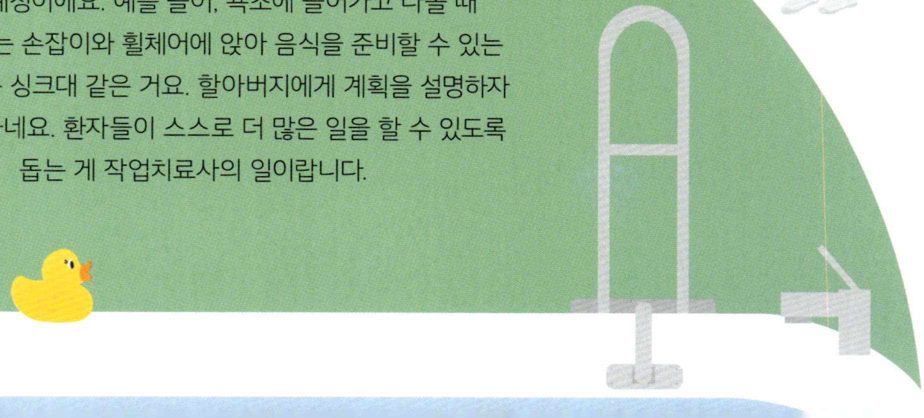

3

진료소로 가요. 환자가 거동이 불편하거나 집 구조를 봐야 할 때는 환자들을 직접 방문하지만, 다른 때는 환자들이 예약을 하고 진료소로 와요. 다른 치료사와 이야기하며 의견을 나눌 수 있어서 진료소에서 일하는 것도 좋아한답니다.

4

오전 10시에, 손을 다쳐서 치료 중인 환자를 만나요. 환자는 목수인데 손을 다쳐서 일을 못 하고 있어요. 손에 힘을 되찾을 수 있도록 다양한 활동을 해요. 예를 들어, 동전을 집어서 빈 병에 넣는 연습 같은 거요. 환자는 치료를 받을수록 나아지고 있어요. 열심히 치료한다면 곧 일터로 돌아갈 수 있을 거예요!

5

다음으로 관절염을 앓고 있는 환자를 만나요. 이 여성은 허리 통증 때문에 일상적인 활동을 못 하고 있어요. 허리가 아파서 정원을 가꾸지 못 하는 걸 가장 아쉬워해요. 치료를 잘 받고 운동을 꾸준히 하면 정원을 가꿀 수 있을 거라고 확신을 주었어요. 작업치료사는 환자들이 용기와 의지를 가질 수 있도록 긍정적인 태도를 보여 주어야 해요.

6

점심 식사를 한 뒤 뇌성마비를 앓고 있는 아이를 만나요. 이번 시간에는 얼음 조각으로 그림을 그리면서 운동 능력을 향상시켜 보려고 해요. 아이에게 알록달록한 얼음 조각들을 잡고 종이 위에서 움직여 보라고 했는데, 아이가 재미있어하며 꽤 오랫동안 얼음 조각을 잡고 있네요. 환자들이 치료 활동을 즐겁게 할 수 있도록 미술과 공예를 치료에 활용하곤 해요.

7

몇 명의 환자를 더 만난 뒤, 치료 기록을 정리하고 내일 스케줄을 확인해요. 마지막으로 할 일은 환자들의 가족에게 전화를 거는 거예요. 환자가 나이가 많거나 하면 가족에게 어떻게 치료를 하고 있고 환자의 상태가 어떤지, 가족이 무엇을 도와야 하는지 설명해 주어야 해요. 그래야 가족들이 환자가 꾸준히 치료 활동을 하도록 도울 수 있거든요.

8

오후 5시 30분이에요. 퇴근할 시간입니다. 오늘 하루도 열심히 일했네요. 환자들이 점점 나아지는 모습을 보면서 스스로도 자랑스러워요.

일의 장점과 단점

장점: 사람들이 건강을 회복하고 다시 삶을 즐길 수 있게 돕는 일은 무척 보람 있어요.

단점: 환자들이 꾸준히 연습하고 운동하도록 하는 게 쉽지는 않아요.

우편집배원

우체국에서 우편집배원으로 일하며 가정과 회사, 가게 등에 우편물을 배달해요. 활동적인 성격으로, 사람들을 만나고 야외에서 일하는 걸 좋아해서 우편집배원이 되기로 했죠. 하루 종일 사무실에 앉아 있는 건 적성에 안 맞아요! 고등학교를 졸업한 뒤 시험을 보고 합격해서 우체국에서 집배원으로 일하게 되었어요.

우체국에서는 다양한 일을 해요. 우편물 분류 담당자들은 우편물을 지역별로 분류해서 배달을 위한 준비를 하고, 사무원들은 우편물을 접수받고 봉투와 상자 등 우편 물품을 판매해요.

1

오전 7시 30분에 우체국에 출근해서 일할 준비를 해요.

2

오늘 어떤 경로로 배달을 갈 건지 확인하고 배달할 우편물을 정리해요. 지역별로 분류된 우편물을 배달 경로대로 트럭에 실어요.

3

이제 출발입니다! 첫 번째 배달 장소에 도착해 트럭을 주차해요. 동네 사람들과 인사를 나눠요. 자주 배달 오는 곳이라서 낯익은 얼굴들이 많아요.

4

가방에 편지를 채우고
걸어서 배달을 시작해요.
집집마다 운전해서 가는
것보다 빠르고 쉽거든요.
배달을 하려면 많이 걸어야
하는데 이 일을 좋아하는
이유이기도 해요! 오늘은
날이 따뜻하고 화창하지만,
추운 날에는 옷을 따뜻하게
입는답니다.

5

편지를 다 배달하고 나면 소포를
배달해요. 소포가 너무 크거나 무거우면
트럭을 타고 배달해요. 소포를 배달하고 나면
단말기로 스캔해서 배달이 완료되었음을 기록해요.

6

마지막 소포가 하나 남았어요.
소포를 배달할 집에 도착해 문을
두드리자 어린아이가 엄마와 함께
문을 열어 줬어요. 아이는 펜팔
친구가 보낸 소포를 기다리고
있었어요. 아이는 소포를 받고
신이 났어요. 우편집배원은 이렇게
전 세계의 사람들이 이어지도록
돕는답니다. 그래서 이 일이
참 좋아요!

7

한 구역의 배달을 마치니
점심시간이 되었어요. 간단히
샌드위치를 먹은 뒤 오후 내내
우편물을 배달해요. 여러 회사가
함께 있는 빌딩에도 들러요. 여기서는
각 회사들의 우편함에 편지를 넣기
위해 특별한 마스터키를 사용해요.

8

오후 4시 30분이
되었어요. 우편물을 모두
배달했어요. 차를 타고 우체국으로
돌아가요. 퇴근해서 집에 도착하니
우편물이 잔뜩 쌓여 있네요.
오늘은 내 생일이거든요!

일의 장점과 단점

장점: 기다리던 우편물을 받고 기뻐하는
사람들을 보는 게 좋아요.

단점: 가끔 반려동물들이 흥분해서
달려들기도 해요. 무척 당황스럽죠.

의학자

주변의 모든 것들이 어떻게 작동하는지 궁금했어요. 특히 우리 몸 안에서 어떤 일이 일어나는지 관심이 많았죠! 학교 다닐 때 과학을 좋아했고 다른 사람들에게 도움을 줄 수 있는 직업을 가지고 싶었어요. 그래서 의학자가 되었답니다. 의학자는 의학을 연구하는 과학자예요. 사람들의 건강을 개선할 수 있는 방법과 기술을 연구해요. 과학을 통해 변화를 만들 수 있다는 게 기뻐요.

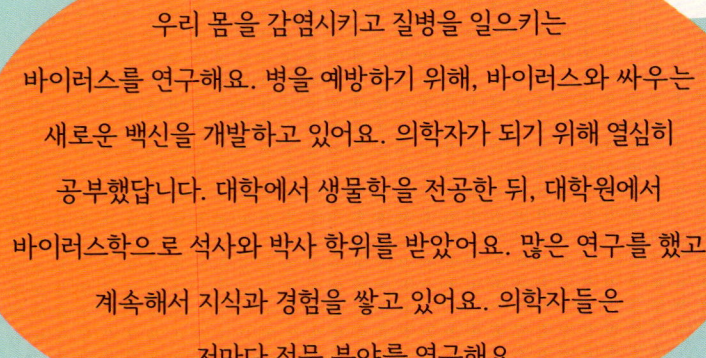

우리 몸을 감염시키고 질병을 일으키는 바이러스를 연구해요. 병을 예방하기 위해, 바이러스와 싸우는 새로운 백신을 개발하고 있어요. 의학자가 되기 위해 열심히 공부했답니다. 대학에서 생물학을 전공한 뒤, 대학원에서 바이러스학으로 석사와 박사 학위를 받았어요. 많은 연구를 했고 계속해서 지식과 경험을 쌓고 있어요. 의학자들은 저마다 전문 분야를 연구해요.

1

실험실에 출근해서 밤새 진행된 실험의 결과를 확인해요. 실험실에 들어가기 전에 안전을 위해 보호 장비를 착용해요. 종종 몸에 해로운 화학 약품이나 물질을 다루기 때문에 보호 장비를 착용해야 해요.

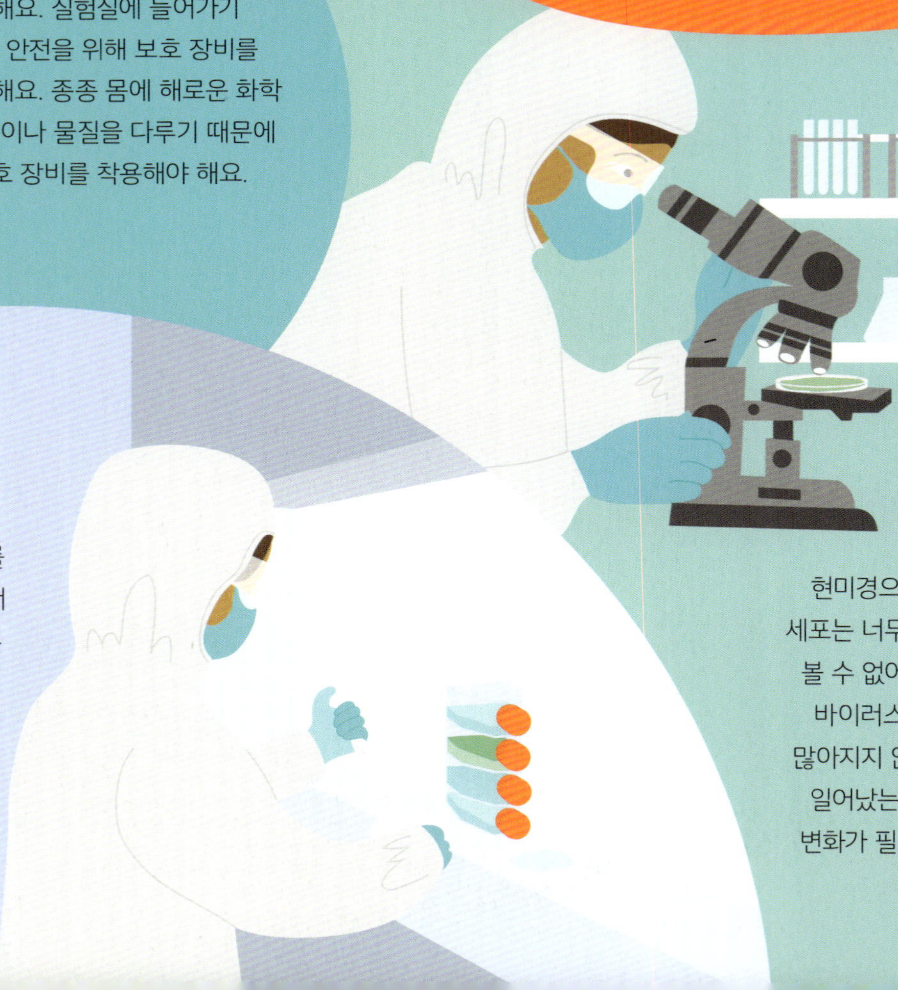

2

실험에 사용하기 위해 실제로 바이러스를 키우고 있어요! 바이러스는 우리 몸 안의 세포를 감염시키고 스스로를 복제하면서 수가 늘어나요. 인간 세포에 아주 적은 양의 바이러스를 섞었어요. 바이러스가 어떻게 복제하는지 알아낸다면 바이러스의 증식을 막는 백신을 만드는 데 도움이 될 거예요.

3

현미경으로 세포를 관찰해요. 세포는 너무 작아서 현미경 없이는 볼 수 없어요. 그런데 세포 안의 바이러스가 예상했던 것만큼 많아지지 않았네요. 왜 이런 일이 일어났는지, 실험 조건에 어떤 변화가 필요한지에 대해 생각해 봐야겠어요.

4

이제 사무실로 가요. 이곳은 보고서를 쓰고, 메일을 확인하고, 다른 연구원들과 회의를 하는 곳이에요. 먼저 과학 뉴스와 학술지를 읽고 생각할 시간을 가져요. 과학계에서 최근에 어떤 연구가 진행되는지 알아보는 건 정말 중요해요. 항상 새로운 발견이 이루어지거든요!

5

아까 확인했던 실험에 대해 다시 생각해 봐요. 그래프를 만들고 결과에 대해 문서로 정리해요. 실험에 적합한 세포를 사용하지 않았을 수도 있고, 바이러스의 양이 적당하지 않았을 수도 있어요. 과학자가 하는 일은 거대한 퍼즐을 맞추는 것과 같아요. 아주 작은 퍼즐 조각 하나가 커다란 전체 그림에 어떻게 들어맞을지 알아내는 데 많은 시간을 보내죠.

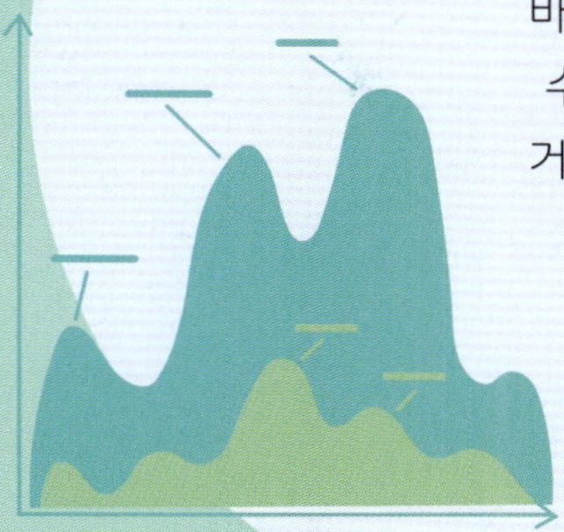

6

벌써 점심시간이네요. 시간이 가는 것도 모르고 집중하고 있었어요. 식당에서 동료들과 점심을 먹어요. 밥을 먹다 보면 결국 과학에 대한 주제로 이야기하게 돼요. 우리 모두가 과학에 대한 열정이 넘치니까요!

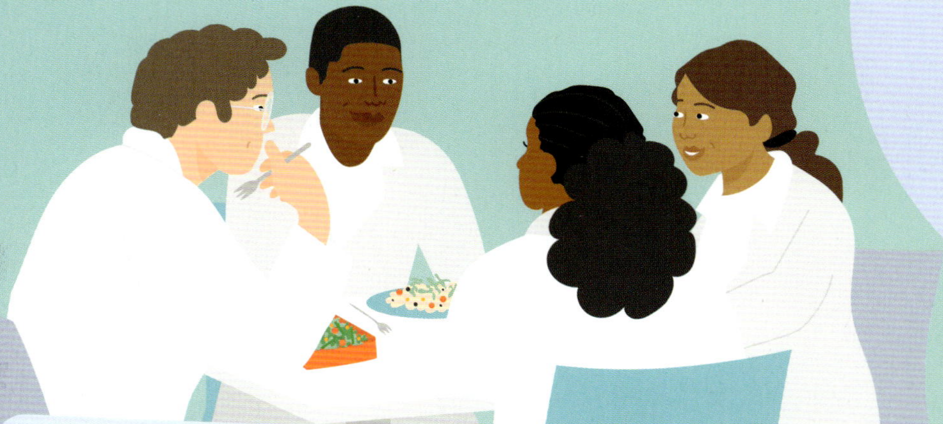

7

다음 달에 있을 국제 학술회의에서 발표할 내용을 정리하면서 오후 시간을 보내요. 전 세계를 다니며 여러 과학자들을 만나는 건 즐거운 일이랍니다. 서로의 연구를 공유하고 많은 것을 배워요. 너무 기대돼요!

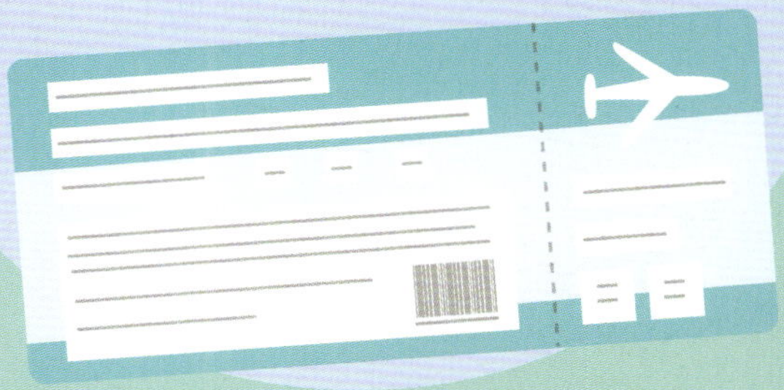

일의 장점과 단점

장점 : 사람들의 건강을 위해 연구하고 새로운 발견을 할 수 있다는 게 좋아요!

단점 : 실험이 예상대로 되지 않을 때 좌절감을 느껴요. 하지만 꾸준히 노력하고 도전해야 해요.

8

시간이 늦었지만 아직 할 일이 있어서 실험실로 돌아가요. 바이러스의 양을 늘려서 실험에 변화를 줬어요. 내일 아침, 실험실로 돌아왔을 때 과연 무엇을 발견할 수 있을지 궁금해요.

학교 상담 교사

고등학교에서 상담 교사로 일해요. 학교생활에 어려움을 겪거나 상담이 필요한 학생들을 도와요. 학생들이 가진 문제와 마음속 이야기를 잘 듣고 도움이 될 수 있는 방법을 함께 고민해요. 학업, 진로 문제, 이성 문제 등 학교생활 전반에 대해 상담하죠. 학생들이 건강하게 학교생활을 하고 진로를 잘 결정할 수 있도록 돕는 일이 좋아요.

선생님으로 일을 시작했지만, 공부를 가르치는 것보다 학생들을 상담하는 걸 더 좋아한다는 사실을 깨달았어요. 심리학으로 학사 학위를 받고 상담심리학 석사 학위를 취득한 뒤 전문 상담 교사 자격증을 땄어요. 지금은 고등학생들과 함께 지내며 다양한 종류의 문제를 해결할 수 있도록 돕고 있어요.

1

오전 8시 30분, 학교 복도에서 등교하는 학생들과 인사를 나눠요. 눈물을 흘리고 있는 한 학생을 발견했어요. 학생을 상담실로 데리고 갔어요. 친구들과 싸웠다고 하네요. 앞으로 어떻게 하면 좋을지 이야기하면서 학생은 기분이 좀 나아졌어요. 가끔은 대화를 하는 것만으로도 도움이 돼요.

2

정신 건강에 대한 수업을 하러 교실로 가요. 평소에 건강하게 지내려면 규칙적인 운동과 올바른 식사, 충분한 수면을 해야 한다고 늘 이야기해요. 한 학생이 평소보다 일찍 잠자리에 들고 나서 훨씬 더 행복감을 느낀다고 말하네요. 제 조언이 긍정적인 변화를 일으키고 있다는 게 기뻐요!

3

수업이 끝난 후, 상담실로 가서 학생들과 일대일 상담을 하며 나머지 오전 시간을 보내요. 한 학생은 성적이 나빠서 대학에 못 갈 것 같다고 걱정해요. 함께 최근 성적표들을 살펴봤어요. 그동안 열심히 공부해 왔고 성적도 꾸준히 오르고 있었어요. 학생에게 지금 충분히 잘하고 있다고 칭찬하고 너무 무리하지 말라고 했어요.

4

점심시간에는 대학 준비 클럽을 운영해요. 정기적으로 학생들과 대학과 진로에 대해 상담을 하지만, 이 클럽에서는 여러 종류의 대학들, 대학 생활에서 무엇을 기대해야 하는지, 지원 방법 등에 대해 조금 더 다양한 이야기를 나눌 수 있어요. 학생들에게 소개할 대학 자료가 많이 있는지 확인해요.

5

오후에 더 많은 학생들을 만나 이야기를 나눠요. 부모님들에게 알려야 할 내용은 전화나 편지를 통해 전달해요. 이제 퇴근할 시간이에요. 자전거를 타고 집에 가서 영양가 있게 밥을 먹어요. 학생들에게 가르치는 것을 저도 실천해야 하거든요!

일의 장점과 단점

장점 : 학생들이 편안하게 학교생활을 하고 진로를 선택하는 데 도움이 되어 기뻐요.

단점 : 학생들이 노력할 생각이 없고 원하는 대로 상담이 잘 진행되지 않을 때는 안타까워요.

인사 담당자

작은 회사, 호텔, 병원에 이르기까지 모든 사업장은 한 가지 공통점이 있어요. 그곳과 잘 맞는, 함께 일할 사람을 필요로 하죠. 인사 담당자는 일할 사람을 고용하고, 직원들이 일을 잘해 나갈 수 있도록 관리하고 평가하고 교육하는 등 여러 가지 일을 해요.

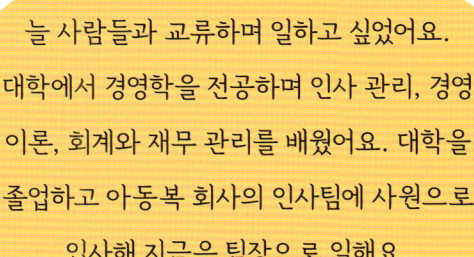

늘 사람들과 교류하며 일하고 싶었어요. 대학에서 경영학을 전공하며 인사 관리, 경영 이론, 회계와 재무 관리를 배웠어요. 대학을 졸업하고 아동복 회사의 인사팀에 사원으로 입사해 지금은 팀장으로 일해요.

1

아침 9시, 회사에 출근해요. 마주치는 직원들에게 밝게 인사해요. 직원들이 어떤 문제나 궁금한 점이 있을 때 편하게 연락할 수 있도록 저를 알리는 게 중요해요.

2

오전에 영업팀 신입 사원 면접이 있어요. 영업팀장님과 함께 면접을 봐요. 우리는 회사에 잘 어울리는 사람을 찾고 있어요. 각 지원자들에게 질문을 하고 답변을 들으며 메모를 해요. 면접이 끝난 뒤 영업팀장님과 논의해서 한 사람을 뽑았어요. 얼른 그 사람에게 합격 소식을 전하고 싶네요!

3

점심 식사 후 직원 교육을 해요. 직원들이 새로운 역량을 개발할 수 있는 기회를 갖도록 직원 교육 프로그램을 자주 계획해요. 오늘 교육 내용은 프레젠테이션을 잘하는 방법에 대한 거예요. 전문 강사가 교육을 진행하는 동안 옆에서 도와요.

4

허리를 다쳐서 일하는 데 어려움이 있는 직원을 상담해요. 근무 공간을 더 편하게 만들 수 있는 방법에 대해 이야기 나눈 뒤, 허리를 더 잘 받쳐 줄 수 있는 특별한 의자를 주문했어요. 직원들이 겪는 문제를 해결하고 회사에서 즐겁고 건강하게 일할 수 있도록 도와주는 것이 바로 인사 담당자의 일이랍니다.

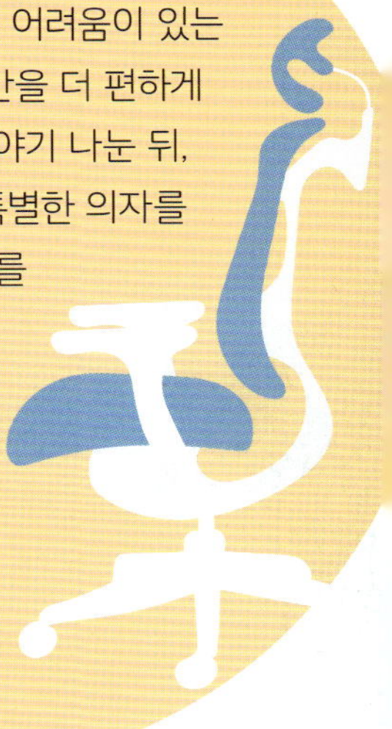

일의 장점과 단점

장점 : 문제점을 개선하는 방법을 의논하고 실행하는 게 좋아요.

단점 : 서로 다른 의견을 조율하는 데 스트레스를 받기도 해요.

5

보통 오후 6시에 일이 끝나는데, 오늘은 조금 더 늦게 퇴근할 예정이에요. 동료 한 명이 퇴직을 하거든요. 팀원들과 작은 파티를 하며 동료에게 감사 인사를 건네고 앞날을 축복해 주어요.

119 상황 접수 요원(상황 요원)

119 상황 접수 요원은 긴급 상황에 처한 사람이 119에 전화를 걸면 신고를 접수받는 일을 해요. 신고 내용을 신속하게 접수해서 소방서, 경찰서, 병원 등에 전달하여 도움을 받을 수 있도록 해요.

소방공무원 시험에 합격해서 소방학교에서 교육을 받은 뒤 119 종합상황실에서 일하고 있어요. 119 상황 접수 요원은 컴퓨터와 통신 시스템을 잘 다루어야 하고, 어떤 상황에서도 침착함을 유지하며 신속하고 정확한 판단을 해야 해요.

1

교대 근무를 하기 위해 아침 일찍 119종합상황실로 출근해요. 자리에 앉아 헤드셋을 쓰고 전화를 받을 준비를 해요. 어떤 전화가 올지, 얼마나 많은 전화를 받을지 알 수 없어요. 매일매일 달라요.

2

첫 번째 전화를 받았어요. 한 여성이 당황한 목소리로 자신의 차에 불이 났다고 했어요. 먼저 안전한지, 차에서 멀리 떨어져 있는지 확인한 뒤에 신고자의 위치와 이름, 정확히 어떤 일이 일어났는지 질문해요. 여성의 대답을 들으며 컴퓨터에 정보를 입력하고 소방대에 알려요. 그리고 곧 소방차가 도착할 거라고 여성을 안심시켜요.

3

깊게 심호흡을 한 번 해요. 다음으로 슈퍼마켓 직원이 가게에 강도가 들었다고 신고 전화를 했어요. 다치지 않았는지 확인하고 필요한 정보를 모두 물어봐요. 목소리가 매우 화난 것처럼 들렸어요. 경찰에 신고 접수를 한 뒤, 신고자에게 경찰이 현장으로 출동했고 철저히 조사할 거라고 했어요.

4

다음 전화가 왔어요. 한 남성이 아내가 미끄러져 넘어졌다고 말했어요. 얼마나 다쳤는지 확인하기 위해 남편에게 상황을 구체적으로 물었고, 아내에게 어디가 아픈지 질문하도록 요청했어요. 구급차가 도착할 때까지 부부가 침착하게 기다릴 수 있도록 계속 말을 걸면서 전화를 끊지 않아요.

일의 장점과 단점

장점 : 위기에 빠진 사람들과 지역 사회를 도와요.

단점 : 안타까운 사고 소식을 듣는 건 힘들어요. 또 장난 전화를 받으면 기분이 좋지 않아요.

5

오후 6시에 교대하기 전까지 계속 신고 전화를 받아요. 화재, 교통사고, 부상 등에 관한 신고였어요. 119 상황 접수 요원은 아주 바빠요. 때로 스트레스를 받기도 하지만, 위험에 빠진 사람들을 돕는다는 건 정말 가치 있는 일이에요.

구급 대원(응급구조사)

구급 대원은 누군가 갑자기 아프거나 다쳤을 때 현장에 가장 먼저 도착하는 사람들 중 하나예요. 환자를 구조하고 응급 처치를 하고 병원으로 이송해요. 상처를 치료하고 심폐소생술을 하는 등 여러 처치를 해요. 할 수 있는 최선을 다해 아픈 사람을 돕는답니다.

대학에서 응급구조학을 전공하고 응급구조사 국가시험에 합격해서 자격증을 땄어요. 그다음 소방공무원 시험에 합격해서 구급 대원이 되었죠. 저는 응급구조사이자 구급 대원이랍니다. 응급구조사는 119 구급대, 병원, 해양경찰청, 군대, 체육 시설, 일반 기업 등 다양한 곳에서 일해요.

1

아침 일찍 근무를 시작해요. 동료와 함께 구급차와 장비를 점검해요. 비상등과 사이렌이 제대로 작동하는지도 확인해요. 어떤 상황이 일어날지 모르기 때문에 항상 준비를 철저히 해야 해요.

2

첫 번째 신고가 접수됐어요. 68세의 남성이 가슴 통증을 호소하며 쓰러졌다고 해요. 생명이 위험할 수도 있는 상황이라 서둘러야 해요. 사이렌을 켜고 환자의 집으로 달려가요. 빠르고 안전하게 운전해요.

3

환자에게 도착했어요. 우리가 오는 동안 구급 상황 관리사가 신고자에게 응급 처치 하는 법을 알려 줬고, 가족들이 침착하게 응급 처치를 해서 위험한 고비는 넘긴 것 같아요. 환자의 상태를 확인한 뒤 구급차에 태우고 병원으로 가요. 병원에 도착해서는 의사에게 환자의 증상과 우리가 어떤 처치를 했는지 알려 줘요.

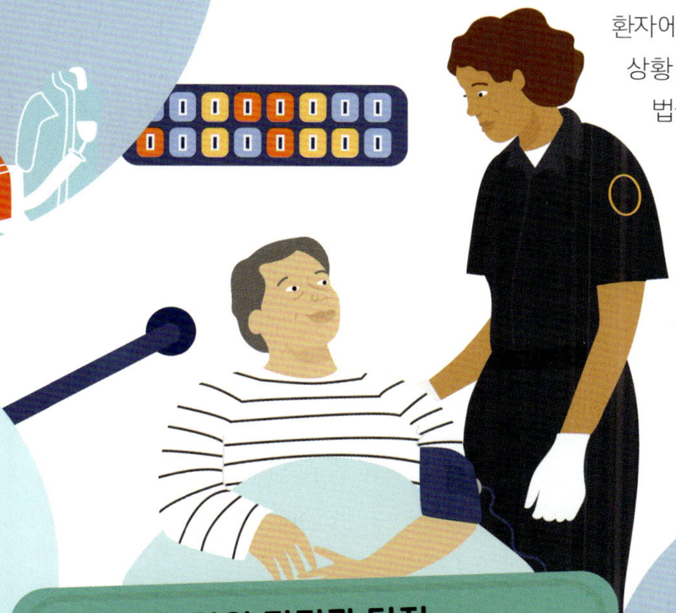

4

또 신고가 접수됐어요. 십 대 소녀가 축구를 하다가 다리를 다쳤대요. 서둘러 아이가 있는 공원으로 가요. 아이의 다리를 살펴보니 골절상을 입은 것 같아요. 다리에 부목을 대고 구급차에 조심스럽게 태우고 병원으로 가요.

5

몇 명의 환자들을 더 병원으로 이송하고 나니 퇴근할 시간이 되었네요. 오늘은 임신부가 아기를 낳는 것을 도와주기도 했답니다. 퇴근해서 집에서 맛있는 저녁을 먹고 재미있는 영화로 긴장을 풀어요.

일의 장점과 단점

장점: 아픈 사람을 치료하고 생명을 구하는 건 대단한 일이에요.

단점: 환자의 부상이 너무 심각할 때는 마음이 아파요. 한시라도 빨리 병원에 데려가야 한다는 생각뿐이죠.

법조인

판사, 검사, 변호사 등 변호사 자격을 가지고 법을 다루는 일을 하는 사람을 법조인이라고 해요. 검사인 저는 범죄를 수사하고 범죄를 저지른 사람의 증거를 찾아서 법원에 재판을 청구하는 일을 해요. 변호사는 피고인(검사에 의해 재판을 받게 된 사람)의 편에서 변론하고 벌을 덜 받을 수 있게 돕는 일을 해요. 판사는 검사와 변호사의 의견을 듣고 법에 따라 판결을 내리죠.

법조인이 되려면 끈기가 있어야 해요. 해야 할 공부가 많기 때문이죠! 대학에서 학사 학위를 취득하고, 법학 전문 대학원을 졸업한 뒤, 변호사 시험에 합격해야 해요. 검사는 경찰(12-13쪽)과 법의학자, 다른 법조인들과 함께 일한답니다.

1

오전 9시, 사무실에서 서류를 준비하고 있어요. 오늘 법원에서 절도 사건에 대한 재판이 있는데, 판사와 배심원들에게 제출할 증거 자료를 잘 준비했는지 꼼꼼히 확인해요.

2

오전 10시, 법원에 도착해서 절도 사건의 피해자인 집주인을 만났어요. 집주인은 매우 속상해하고 있어요. 저는 절도범이 저지른 잘못에 대해 제대로 처벌받도록 하겠다고 말했어요.

3

우리는 법정에 들어갔어요. 피고인은 변호사와 함께 앉아 있었어요. 저는 판사와 배심원 앞에 서서 피고인이 범죄를 저질렀다는 것을 증명할 증거를 설명해요. 집 창문에서 피고인의 지문이 발견되었고, 피고인이 피해자의 집에서 나오는 것을 본 목격자도 있어요.

4

목격자가 증언하기 위해 앞으로 나와 증인석에 앉았어요. 목격자에게 몇 시에 현장에 있었는지, 정확히 어떤 걸 봤는지 질문해요. 판사와 배심원들이 피고인이 유죄인지 무죄인지를 판단하는 데 도움이 될 수 있는 분명한 증거들을 제시하는 게 검사의 일이에요.

5

피고인 측 변호사가 증인에게 질문해요. 변호사는 피고인이 범죄를 저지르지 않았다는 것을 증명하기 위해 노력하죠. 판사와 배심원들은 공정한 판단을 하기 위해 양쪽의 이야기를 모두 들어야 해요.

6

양측의 증거가 모두 제시되고 증인들이 다 신문을 받고 나면 사건을 종합해 볼 차례예요. 검사와 변호사는 마지막으로 각자의 의견을 논리적으로 말하며 판사와 배심원들을 설득해요. 그 후에는 판결을 기다려요. 잠시 후 배심원단은 피고인을 유죄로 평결했어요. 판사도 같은 판결을 내렸지요. 우리가 승소했어요! 피고인은 이제 정당한 벌을 받게 될 거예요.

7

법원에서 나와 사무실로 가요. 내일 있을 재판을 준비하며 오후를 보내요. 그중 한 사건은 다른 사람의 차를 파손한 범죄 사건이에요. 파손된 차량 사진과 CCTV 영상 등 증거를 수집해요. 그리고 목격자에게 전화해서 내일 법정에서 증언하겠다는 확답을 받았어요.

8

처리해야 할 일이 많아서 평소보다 늦게까지 일했어요. 검사는 일이 아주 많고 바쁘지만, 정의를 실현할 수 있다면 모두 감수할 수 있어요. 오늘은 집에서 저녁 식사를 하며 딸과 열띤 논쟁을 벌였어요. 딸은 반려견을 키우고 싶다고 했지만 저는 반대 입장이었죠. 과연 딸이 저를 설득할 수 있을지 한 번 봐야겠어요!

일의 장점과 단점

장점 : 안전하고 공정한 사회를 만드는 데 도움이 된다는 자부심이 있어요.

단점 : 재판에서 질 때면 좌절감을 느껴요.

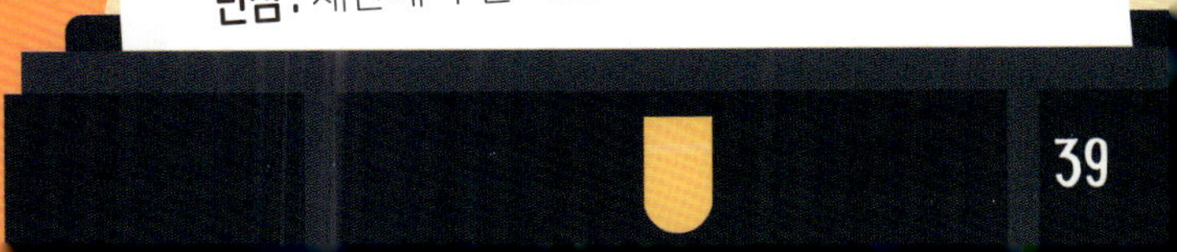

약사

동네에서 약국을 운영하며 약사로 일해요. 주민들이 필요로 하는 약을 판매하거나 조제하고, 약을 복용하는 방법을 설명해 주어요. 약의 부작용이나 보관 시 유의 사항에 대해서도 알려 주어요. 약사가 되기 위해 대학에서 약학과를 졸업했고 약사 국가시험에 합격해서 약사 면허를 땄어요.

약사는 공부하는 걸 즐겨야 해요. 새로운 약들이 계속해서 개발되고 기술이 발전하기 때문에 최신 자료를 찾아보고 여러 강의를 들으며 꾸준히 공부하고 있어요. 약사는 병원이나 약국, 제약 회사 등에서 일해요.

1

오전 8시 30분에 약국에 출근해서 약국 문을 열 준비를 해요. 진열장을 정리하고, 부족한 약을 채워 놓아요. 의사는 환자의 치료를 위해 복용해야 하는 약을 처방전에 써서 환자에게 주어요. 약사는 환자가 가져온 처방전을 확인하고 약을 조제하고 환자에게 복용 방법을 안내해요.

2

약사는 각 처방전에 따라 신중하게 약을 조제해요. 약이 잘못 처방되지는 않았는지 확인하고 적당한 양의 약을 정확하게 조제해야 해요. 약을 잘못 먹으면 환자에게 안 좋은 영향을 줄 수 있으니까요. 늘 환자의 건강과 안전을 염두에 두고 일해야 해요.

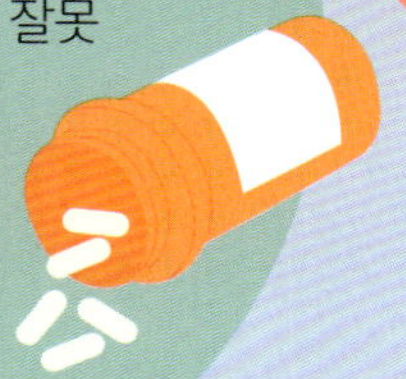

3

오전 9시에 약국 문을 열어요. 한 젊은 남성이 처방전을 가지고 약을 타러 왔어요. 언제 약을 먹어야 하는지, 부작용이 있는지, 안전한 약인지 많은 질문을 했어요. 남성이 안심할 수 있도록 친절하게 약에 대해 설명해 주었어요.

4

오후에는 한 여성이 허리가 아프다며 진통제를 사러 왔어요. 구체적인 증상과 다른 약을 먹고 있는지를 물었어요. 그 여성은 앓고 있는 다른 질환 때문에 매일 약을 먹고 있었어요. 함께 먹어도 상관없는 약을 추천해 주며 허리 통증에 효과가 있을 거라고 말했더니, 고맙다고 인사하네요.

일의 장점과 단점

장점: 사람들에게 필요한 약을 주고, 대화하는 게 좋아요. 어떤 사람들은 몇 년 동안 제 약국을 방문하고 있죠!

단점: 아파서 걱정이 많고 예민한 사람들이 있어요. 가끔은 상대하기 어려울 때도 있어요.

5

이후로 많은 사람들이 약을 사러 왔어요. 처방전에 따라 약을 조제해 주고, 처방전 없이 살 수 있는 약을 판매했어요. 퇴근 시간이 다가오자 부족한 약을 확인하고 제약 회사에 주문해요. 이제 약국 문을 닫을 시간이에요.

치과 의사

다른 사람들과 달리 치과에 가는 걸 좋아했어요. 자라면서 만난 치과 의사 선생님들은 모두 친절하고 재미있었어요. 치과에 있는 장비들도 멋져 보였죠! 치과 의사가 되려고 대학에서 치의학을 전공하고 치과 의사 국가시험에 합격했어요. 지금은 작은 치과를 운영하며 치과 의사로 일한답니다.

치과 의사는 사람들의 치아를 건강하게 치료하는 일을 해요. 치아와 잇몸을 검진하고, 충치를 뽑거나 치료하고, 스케일링(치아에서 치석을 제거하는 일)을 해요. 치아가 많이 상한 경우에는 임플란트 수술을 하고, 이 밖에도 치아를 고르게 교정하기도 해요.

1

치과에 출근해서 간호사, 치위생사와 회의를 해요. 오늘 예약한 환자들과 치료 방법에 대해 의논해요.

2

첫 번째 환자는 치아 한쪽에 충치가 생겼어요. 간호사가 치료 기구를 준비하는 동안 긴장한 환자를 편안하게 해 주려고 가볍게 대화를 나눠요. 충치가 생긴 부분을 긁어내고 빈자리에 충전물을 넣는 데는 시간이 오래 걸리지 않아요. 치료가 끝나니, 환자가 예상보다 아프지 않았다며 미소를 지어요.

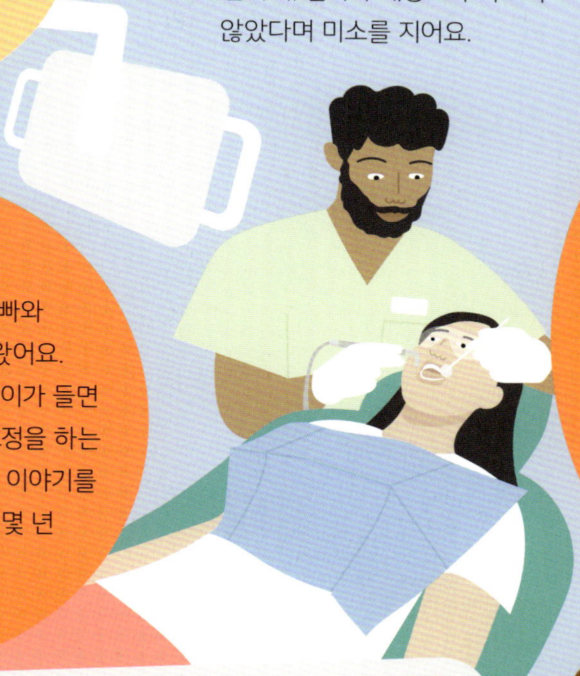

3

다음 환자는 치아의 통증이 심하다고 했어요. 엑스레이를 찍어 보니 충치가 심하네요. 충치로 인해 치아 내부에 있는 신경까지 나쁜 균이 침투해서 아픈 거예요. 신경 치료를 하고 크라운 시술을 해야겠어요. 신경 치료는 충치가 생긴 부분과 병든 신경을 제거하고 충전물로 메우는 치료예요. 크라운은 환자의 치아 모양에 맞게 인공 틀을 만들어서 치료한 자리에 씌우는 거예요.

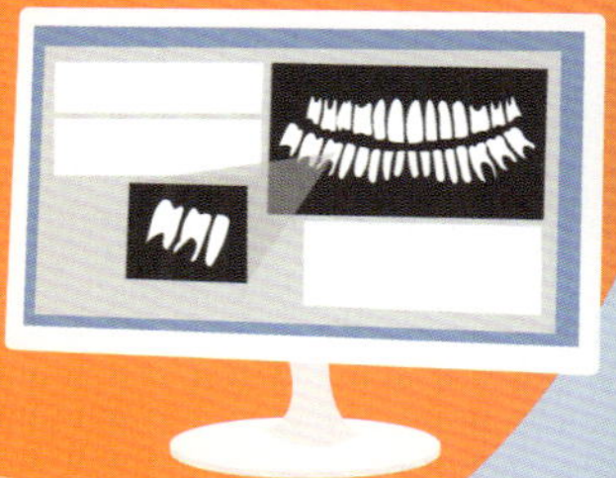

4

다음으로 초등학생이 아빠와 함께 정기 검진을 받으러 왔어요. 치아가 상당히 몰려 있어서 나이가 들면 문제가 생길 수도 있겠네요. 교정을 하는 게 좋겠다고 아이와 아빠에게 이야기를 했어요. 치아 교정은 보통 몇 년 동안 진행돼요.

5

마지막 예약 환자는 어린 남자아이예요. 아이는 큰 의자에 앉자 매우 신이 났어요! 아이의 치아를 검진한 뒤 올바르게 이 닦는 방법을 알려 주었어요. 용감하게 치과 진료를 마친 아이에게 칭찬 스티커를 주었어요. 가장 좋아하는 일이랍니다!

일의 장점과 단점

장점: 치아를 치료해 주고 잘 관리할 수 있게 도와요. 음식을 맛있게 먹으려면 치아를 건강하게 잘 관리해야 해요.

단점: 치과를 무서워하고 방문을 꺼리는 사람들이 많아서 안타까워요. 치아를 건강하게 관리하려면 정기적으로 치과를 방문하는 게 좋아요.

소방관

소방관은 불을 끄는 일뿐만 아니라 다양한 일을 해요. 홍수나 재해가 난 지역에 출동해서 사람들을 돕고, 교통사고나 위급한 사건 사고 현장에서 다친 사람을 구조하고 치료하며 상황을 수습하는 걸 도와요. 사람들에게 안전 교육도 하지요. 소방관은 용감해야 하고 봉사 정신을 가지고 있어야 해요.

소방관이 되는 게 꿈이었어요. 그래서 고등학교를 졸업한 뒤 열심히 공부해서 소방공무원 채용 시험에 합격해 소방관이 되었지요. 대학에서 소방 관련 학과를 전공하거나 응급구조사 자격증을 딴 다음 소방관이 될 수도 있어요.

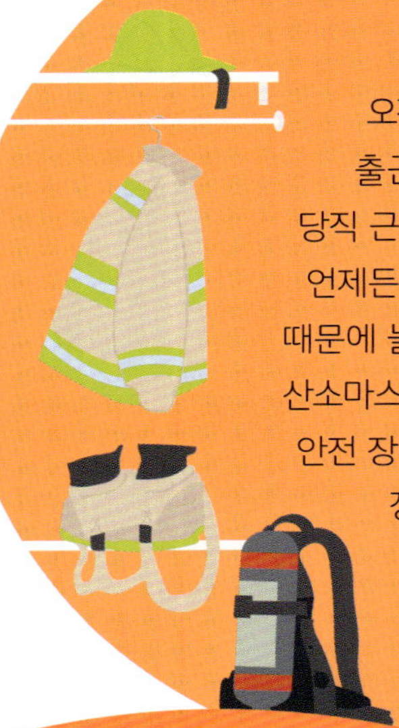

1

오전 9시 전에 소방서에 출근해요. 오늘은 24시간 당직 근무를 할 거예요. 소방관은 언제든지 신고가 접수될 수 있기 때문에 늘 준비를 하고 있어야 해요. 산소마스크와 산소 탱크, 소방복 등 안전 장비를 확인하고, 소방차와 장비가 잘 작동하는지 점검해요.

2

야간 근무를 한 동료들이 아침을 먹는 동안 대화를 나눠요. 동료들과 사이좋게 잘 지내는 것은 정말 중요해요. 우리는 위급 상황에서 서로 협력하며 팀으로 일하니까요.

3

다음으로 훈련을 해요. 우리는 화재 현장이나 위급 상황에서 사용할 수 있는 기술을 향상시키려고 늘 고민하고 연구해요. 오늘은 사람이 차 안에 갇혔을 때를 대비해 특별한 도구를 이용하여 자동차 문을 제거하는 훈련을 했어요.

4

소방서에 학생들이 견학을 왔어요. 학생들에게 화재 예방과 안전에 대한 교육을 하고 심폐소생술을 가르쳐 주어요. 마지막으로 소방차를 구경시켜 주었더니 아주 좋아하네요!

5

점심 시간이에요. 갑자기 경보가 울렸어요. 우리는 장비를 착용하고 소방차로 달려가요. 119 상황 접수 요원(36쪽)이 주택에 화재가 발생했다고 알려 주었어요. 소방차의 사이렌을 켜고 현장으로 출동해요.

6

화재 현장에 도착하자 팀장이 지시를 내려요. 우리는 먼저 사람들의 안전을 확인해요. 화재가 난 집에서 가족들이 모두 탈출했는데 한 명이 팔에 화상을 입었어요. 구급차가 도착할 때까지 응급 처치를 해요. 나머지 소방관들은 소방차에서 호스를 꺼내 불을 꺼요. 다행히 불길을 잡는 데 오래 걸리지 않았어요. 현장을 정리한 뒤 소방서로 돌아가요.

7

소방서로 돌아와서 소방차를 정비하고 장비들을 점검해요. 그다음 운동을 하러 체육관으로 가요. 소방관은 체력과 신체 능력이 중요해서 꾸준히 운동을 해야 해요.

8

저녁을 먹고 소방서를 청소해요. 소방서는 우리에게 제2의 집과 같아요. 당직 근무를 할 때는 여기서 먹고 자니까 서로 돌아가면서 깨끗하게 청소를 해요. 이제 쉬러 수면실로 가요. 하지만 언제든지 신고가 접수되면 바로 출동해야 해요.

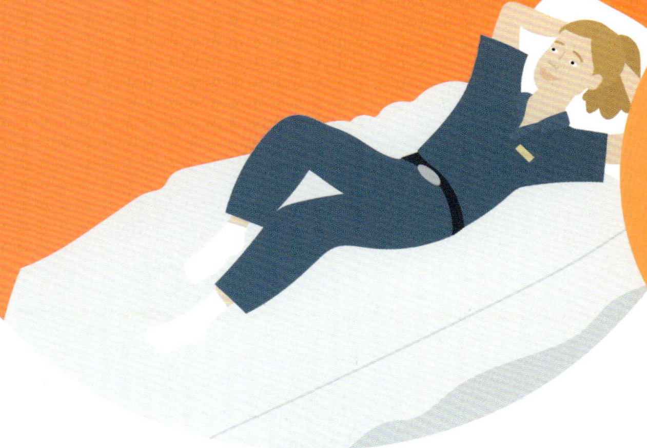

9

아니나 다를까, 자정에 경보가 울렸어요. 교통사고 현장으로 출동했죠. 다행히 운전자들은 다치지 않았지만, 차 안에 갇혀서 나오지 못하는 사람이 있어요. 아까 훈련했던 걸 실행에 옮길 때예요!

일의 장점과 단점

장점 : 사람들을 구하고 도울 수 있어서 좋고, 활동적인 일이라 좋아요.

단점 : 위험한 상황에서 일하기 때문에 자칫하면 다칠 수 있어요. 조심 또 조심해야 해요.

내게 가장 어울리는 직업은?

앞서 소개된 직업 중에서 어떤 직업이 가장 마음에 드나요? 자신의 성격과 소질, 관심사를 생각해 보고 잘 맞는 직업을 골라 봐요.

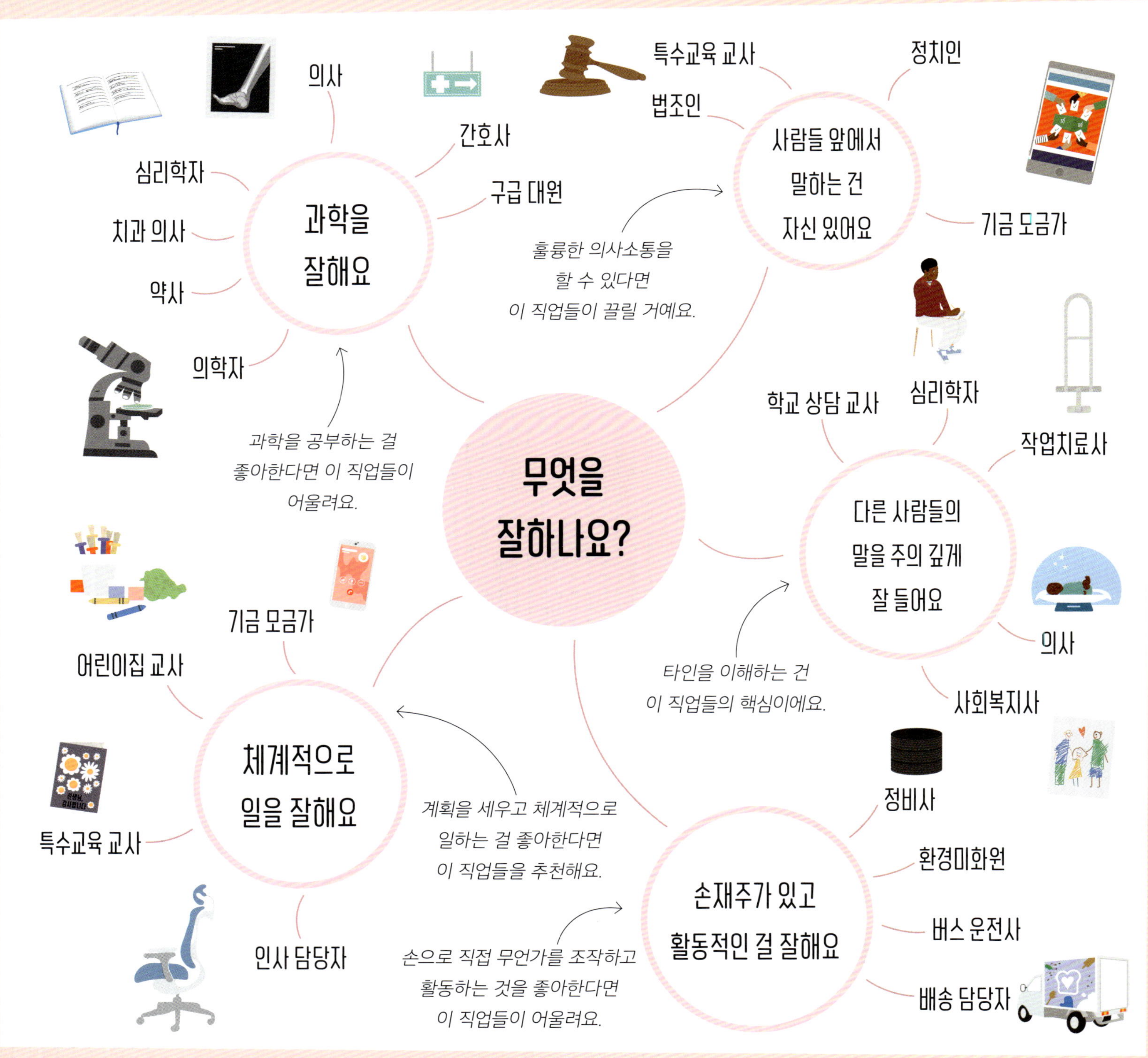

성격은 어때요?
용감해요
경찰관
소방관
구급 대원
간호사
앞장서서 하는 일을 좋아한다면 이 직업들을 생각해 봐요.
친절해요
환경미화원
우편집배원
버스 운전사
경찰관
사람들을 만나고 함께하는 걸 좋아한다면 이 직업들이 딱이에요.
호기심이 많아요
의학자
심리학자
정비사
질문하는 걸 좋아하고 항상 새로운 걸 배우고 싶다면 이 직업들이 어울려요.
참을성이 많아요
어린이집 교사
특수교육 교사
조산사
약사
119 상황 접수 요원
차분함과 침착함은 이 직업들의 핵심이에요.

관심사와 목표는 무엇인가요?
사람들이 건강할 수 있게 돕고 싶어요
작업치료사
의사
약사
간호사
치과 의사
사람들이 건강하게 지낼 수 있도록 돕고 싶다면 이 직업들을 생각해 봐요.
세상을 더 좋고 멋지게 만들고 싶어요
의학자
환경미화원
정치인
기금 모금가
더 밝은 미래를 만드는 데 관심이 많고 참여하고 싶다면 이 직업들을 추천해요.
사람들을 안전하게 지키고 싶어요
경찰관
소방관
구급 대원
119 상황 접수 요원
사람들을 보호하고 지키고 싶다면 이 직업들이 어울려요.

또 다른 직업을 알고 싶나요?

지금까지 여러 직업을 살펴봤는데, 사람들을 돕는 직업은 이 밖에도 아주 많아요.
여러분을 위해 흥미로운 직업들을 몇 가지 더 소개해 볼게요.

번역가 / 통역사

다른 언어를 배우고 의사소통하는 것을 좋아하는 사람들에게 어울리는 직업이에요! 번역가는 어떤 언어로 된 글을 다른 언어로 옮기는 일을 해요. 통역사는 말이 통하지 않는 사람 사이에서 뜻이 통하도록 말을 옮겨 주는 일을 해요. 번역가나 통역사가 되려면 다른 언어를 익히고 글과 말을 옮기는 연습을 열심히 해야 해요.

언어치료사

말하고 의사소통하는 데 어려움을 겪는 사람들을 도와요. 각종 검사를 통해 언어 장애의 증상과 원인을 진단하고 치료해요. 언어 장애를 치료할 수 있는 기술을 전문적으로 연구하기도 해요. 언어치료사는 다른 사람을 이해하고 공감하는 자세를 가져야 하고 배려심과 봉사 정신이 있어야 해요.

안경사 / 안과 의사

안경사는 검사를 통해 시력을 측정해서 고객의 시력을 보정할 수 있는 안경을 조제하고 판매하는 일을 해요. 콘택트렌즈도 판매하죠. 안과 의사는 눈을 검사하여 시력 문제나 질병을 진단하고 치료해요. 필요에 따라 수술을 하기도 하고, 교정 안경이나 약을 처방해요.

요양 병원 관리사

요양 병원에서 다양한 일을 하며 노인들이 안전하고 편안하게 지낼 수 있도록 도와요. 노인들의 건강 상태를 확인하고 의료진에게 필요한 정보를 전달해서 노인들이 알맞은 치료를 받도록 해요. 노인들을 직접 돌보는 요양보호사들을 관리하고, 요양 병원의 예산과 자원이 효율적으로 사용되도록 관리해요. 친절함과 책임감이 중요한 직업이에요.

수리공

집 안팎에서 필요한 다양한 일들을 도와주어요. 헐거나 고장 난 가구, 또는 기계를 고쳐 주기도 하고, 막힌 세면대와 하수구를 뚫어 주는 일을 하기도 해요. 수리공은 손재주가 좋고 여러 가지 유용한 도구들을 잘 다룰 수 있어야 해요. 체력도 좋아야 하죠. 수리공은 주로 각자의 전문 분야가 있어요.

물리치료사

부상이나 질병 때문에 허리가 아프거나 몸을 움직이기 힘든 경우가 있어요. 물리치료사는 운동, 열, 전기, 기구 등 물리적인 방법을 이용해 환자들을 치료해요. 환자들의 고통을 덜어 주고 신체 기능을 회복할 수 있도록 도와요. 인체에 대한 폭넓은 지식을 가지고 있어야 해요.

슈퍼마켓(마트) 점원

슈퍼마켓의 물건들을 정리 정돈하고, 계산하고, 손님들을 응대해요. 손님들이 궁금해하는 것을 알려 주고, 필요로 하는 물건이 있으면 찾아 주어요. 친절하고 정리 정돈을 좋아한다면 이 일이 잘 맞을 거예요. 또한 여러 사람과 함께 일하는 것을 즐겨야 해요.

이런 직업 어때?

누군가를 돕고 싶다면 이런 직업!

글 어맨다 리어먼스 | **그림** 엘리스 게이넷 | **옮김** 박훌륭

초판 1쇄 펴낸날 2024년 6월 11일 | **초판 3쇄 펴낸날** 2025년 8월 14일
편집장 한해숙 | **기획편집** 신경아 | **디자인** 최성수, 이이환 | **마케팅** 박영준
홍보 정보영 | **경영지원** 김효순 | **펴낸이** 조은희 | **펴낸곳** ㈜한솔수북
출판등록 제2013-000276호 | **주소** 03996 서울시 마포구 월드컵로 96 영훈빌딩 5층
전화 02-2001-5822(편집), 02-2001-5828(영업) | **전송** 0303-3440-0108
전자우편 isoobook@eduhansol.co.kr | **블로그** blog.naver.com/hsoobook
인스타그램 soobook2 | **페이스북** soobook2
ISBN 979-11-93494-54-7, 979-11-7028-719-3(세트)

That's a job? I like helping people ... what jobs are there?
Written by Amanda Learmonth and Illustrated by Elise Gaignet

어린이제품안전특별법에 의한 제품 표시
품명 도서 | **사용연령** 만 6세 이상 | **제조국** 대한민국 | **제조자명** ㈜한솔수북 | **제조년월** 2025년 8월

※ 값은 뒤표지에 있습니다.

글 어맨다 리어먼스
어린이를 위한 다양한 논픽션을 만들어 온 편집자이자 작가입니다. 쓴 책으로 《여덟 살 어린이를 위한 재미있는 농담》, 《어린이를 위한 멋진 수수께끼 책》 등이 있습니다.

그림 엘리스 게이넷
영국에서 활동하는 일러스트레이터입니다. 그린 책으로 《미술이 좋다면 이런 직업!》이 있습니다.

옮김 박훌륭
약사이자 작가입니다. 《누군가를 돕고 싶다면 이런 직업!》은 처음으로 번역한 책입니다. 쓴 책으로 《약국 안 책방》, 《이름들》 등이 있습니다.

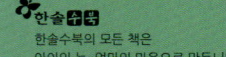

이런 직업 어때? ❶

동물이 좋다면 이런 직업!

이런 직업 어때? ❷

스포츠가 좋다면 이런 직업!

이런 직업 어때? ❸

우주가 좋다면 이런 직업!

이런 직업 어때? ❹

야외 활동이 좋다면 이런 직업!

이런 직업 어때? ❺

미술이 좋다면 이런 직업!

이런 직업 어때? ❻

누군가를 돕고 싶다면 이런 직업!